KB129609

마흔,
인문고전에서
두 번째 인생을 열다

마흔, 인문고전에서 두 번째 인생을 열다

초 판 1쇄 2019년 10월 23일

지은이 송은섭
펴낸이 류종렬

펴낸곳 미다스북스
총괄실장 명상완
책임편집 이다경
책임진행 박새연 김가영 신은서
본문교정 최은혜 강윤희 정은희

등록 2001년 3월 21일 제2001-000040호
주소 서울시 마포구 양화로 133 서교타워 711호
전화 02) 322-7802~3
팩스 02) 6007-1845
블로그 http://blog.naver.com/midasbooks
전자주소 midasbooks@hanmail.net
페이스북 https://www.facebook.com/midasbooks425

© 송은섭, 미다스북스 2019, *Printed in Korea*.

ISBN 978-89-6637-723-7 03190

값 15,000원

마다스북스는 다음세대에게 필요한 지혜와 교양을 생각합니다.

마흔, 인문 고전에서 두 번째 인생을 열다

송은섭 지음

미다스북스

마흔, 인문고전으로 다시 태어나라!

마흔에 하는 공부가 진짜 공부다. 지금까지의 학교 교육과 경험에 의존한 공부는 모두 쓰레기통에 버려라. 입시 위주의 시험공부가 우리의 사고를 고정관념의 틀 속에 가둬버렸다. 창의적인 생각이 나올 수 없는 구조 속에 살고 있는 것이다. 경험에만 의존하는 일처리는 '꼰대'라는 신조어를 만들었다. 국어사전에 '꼰대질'이라고 검색하면 '기성세대가 자신의 경험을 일반화하여 젊은 사람에게 어떤 생각이나 행동 방식 따위를 일방적으로 강요하는 행위를 속되게 이르는 말'로 나온다. 시대를 통찰하지 못하고 창의적이지 못하니까 계속 밀려나는 것이다. 그래서 지금까지의 교육과 경험을 모두 리셋해야 한다. 그리고 그 자리에 수천 년 이어져 온 지혜의 산삼을 심어야 한다. 40대에 지혜의 씨앗을 뿌리지 못하면 기회는 날개를 달고 도망가고, 위기는 번개처럼 빠르게 쫓아온다.

나는 40대 초반에 인생이 무너져내리는 아픔을 겪었다. 세상은 내가 생각하는 방식으로 움직이지 않았다. 댐에 한두 군데 균열이 생기기 시작하면 바로 땜질을 해야 한다. 어영부영하다 보면 감당할 수 없는 속도로 확산된다. 결국 수압을 이기지 못하고 무너져버린다. 인생도 마찬가지다. 인간관계에 균열이 생기기 시작하면 최대한 지혜롭게 대처해야 한다. 직장에서건, 가정에서건 마찬가지다. 한쪽에 균열이 생기면 다른 쪽으로 금세 확산된다. 남 탓만 하면서 소주 한잔에 신세 한탄하는 동안 인생은 서서히 무너져간다. 이때 필요한 것은 지식이 아니라 지혜다. 삶의 자세와 가치관이 포함된 지혜가 필요하다. 나는 그 지혜를 가지지 못해서 꼰대질만 하다가 결국 무너졌다. 무너진 인생은 처참했다. 자존감은 바닥이었고 그 누구도 나에게서 희망이라는 두 글자를 떠올리지 못했다.

1억 5천만 원의 빚과 불안정한 가정, 계속되는 진급 누락은 길고 긴 암흑의 터널에 나를 밀어넣어버렸다. 내가 빚을 다 갚을 때까지 직장을 계속 유지할 수 있을지도 불확실했다. 나는 점점 망가져갔다. 누군가가 값싼 동정의 위로를 던지면 날름 받아먹고 며칠을 버티는 단순한 동물이 되어갔다. 그러던 어느 날 이렇게는 살 수 없다는 생각에 생을 마감하려고 시도했다. 그런데 그것조차도 이루지 못하는 나약한 사람이었다. 그날 밤 나는 40년 동안 운 것을 모두 합친 것보다 더 많은 눈물을 쏟아냈다. 아침에 거의 실신할 정도가 되어 몸을 겨우 가누며 일어났다. 그리고 서점으로, 도서관으로 무작정 책을 읽으러 다녔다. 나는 그 시련이 반복되는 틀을 깨트리고 싶었다. 스스로 만든 지옥 같은 감옥을 벗어나고 싶었다. 수도 없이 생각하고 또 생각했다. 마침내 나는 인문고전으로 운명의 사다리를 만들었다. 아무 생각 없는 사람에서 진짜 생각하는 사람으로, 나만의 철학을 가진 사람으로 변했다.

나는 인문고전에서 살아갈 용기를 찾았다. 처음부터 다시 시작한다는 마음으로 모든 것을 내려놓았다. 전역 지원서를 제출했다. 어차피 진급은 물 건너간 상황이었고 2, 3년 더 버틴다고 달라질 것은 없었다. 나는 두렵지 않았다. 자존감은 바닥을 치고 올라가는 중이었고 새로운 목표와 꿈이 희망을 불러왔기 때문이다. '나는 누구인가? 어떻게 살 것인가?'에 대한 나만의 생각도 정리가 되었다. 이제부터는 내가 생각한 대로 살겠다고 다짐했다. 나는 내 인생의 목표와 가치를 '타인에게 선한 영향력을 주는 사람'으로 정했다. 그리고 그 길에 맞는 일들을 찾기 시작했다. 여가 시간을 활용해서 그 길을 본격적으로 준비했다. 라디오 팟캐스트 진행, 유튜브, 강연, 책 쓰기 등 나만의 경험과 지식을 지혜로 추출해서 타인에게 선한 영향력을 주려고 노력했다. 나는 예전과는 확연히 다른 새로운 생활에서 행복과 삶의 의미를 찾았다.

이 책은 40대 초반에 겪은 나의 시련 극복 과정과 인문고전 독서를 통해 생각이 변화되어가는 과정을 담았다. 1장에는 마흔의 나이에 잠시 멈추고 나를 돌아보는 시간이 얼마나 중요한지, 흔들리는 마흔의 나이에 생각한다는 것의 의미를 이야기한다. 2장에서는 마흔에 인문고전을 공부해야 하는 이유와 어떻게 삶의 무기가 되는지 설명하고 있다. 3장에서는 인문고전 공부가 어떻게 두 번째 인생을 여는지 이유를 이야기하고 있다. 4장에서는 인문고전을 어떻게 읽을 것인가에 대해 내가 알고 있는 인문고전 독서법을 이야기한다. 아인슈타인, 정약용 등 역사적으로 천재라 일컬어지는 사람들의 독서법을 소개한다. 그리고 인문고전을 어렵게 생각하는 사람들을 위해 나만의 쉬운 독서법을 제시하고 있다. 5장에서는 인문고전으로 인생을 바꾸는 도전을 하라는 내용이 들어 있다. 여기에는 내 경험이 반영되어 있다. 그리고 "상상하면 현실이 된다."라는 네빌고다드의 이야기, 잠재의식을 바꾸면 현실 의식의 변화가 일어나서 소원하는 것을 이룰 수 있다는 이야기가 들어 있다. 이런 과정에서 나는 다시 살아갈 용기를 얻게 되었다.

40대는 인생의 전환점에 이르는 시기다. 전반전을 어떻게 살았든지 간에 인생의 후반전은 전반전보다 더 잘살아야 하지 않겠는가? 그러기 위해서는 정신의 토대를 단단히 세워야 한다. 그래야 끝까지 방향을 잃지 않고 갈 수 있다. 우물쭈물하다가는 급속한 변화의 흐름 속에 휩쓸려 그냥 50대, 60대로 넘어간다. 지금 '나는 누구인가?, 어떻게 살 것인가?'에 진중하게 답을 할 수 없다면 인생 후반전을 위한 진짜 공부를 해야 한다.

이 책이 나올 수 있도록 코칭 해주신 〈한국책쓰기1인창업코칭협회〉의 김태광 대표님과 마지막 계약까지 챙겨주신 〈위닝북스〉의 권동희 대표님께 감사드린다. 함께 응원하며 동문수학했던 11명의 동기분들에게도 감사의 말을 전한다. 그리고 실명을 기꺼이 사용하도록 허락해주신 〈㈜한샤인인터내셔널〉의 김호용 회장님과 방화마을방송국 박현주 국장님, 독서 여건을 보장해주시고 책 쓰기를 적극 지원해주신 길꽃어린이도서관 이민식 관장님, 우장산숲속도서관 이지현 관장님, 수준 높은 독서 토론 동아리 〈책벗〉 회원 여러분들께도 깊은 감사를 드린다.

마지막으로 나의 가장 든든한 지원군인 사랑하는 아내와 아들들, 부모님, 형제들에게 감사한 마음을 전한다.

2019년 10월
송은섭

목차

2장
인문고전보다
더 나은 공부는 없다

3장
인문고전은
어떻게 두 번째
인생을 여는가?

4장

3천 년 지혜를
내 것으로 만드는
인문고전 독서법

5장
다시 살아갈 용기,
인문고전에서 얻다

1장

마흔,
지금 당신은
어디에 서 있는가?

마흔, 인생 절반쯤 걸어온 나이

"지금 어디로 가고 있는지 모른다면 조심하라. 엉뚱한 곳으로 갈지도 모르니까."

— 요기 베라 —

흔들리는 마흔

40대 직장인들이 하나둘씩 삼겹살집으로 모여든다. 퇴근길 직장 동료와 소주 한잔. 하루 종일 힘들어도 이 시간을 위해 견뎠다. 오늘 상사로부터 받은 스트레스로 이야기를 시작한다. 술이 한 순배 돌고 새로운 소주병이 비좁은 탁자 위를 비집고 자리를 차지한다. 이제 새로운 이야기는 없다. 늘 하던 예전 영웅담이 반복된다. 지금의 나는 없고 과거의 영광만이 내 자존감을 세워준다. 혀가 조금씩 궤도 이탈을 시작한다. 이즈음 신호가 온다. 화장실에서 묵직해진 아랫배를 비운다. 손을 씻으며 거울 속에 나를 본다. '너 이제 마흔이야! 계속 이렇게 살거니?' 자리에 돌아오니 건배를 하잔다. '개 같은 내 인생, 먹고 죽자!'라고 외친다.

40대가 흔들리고 있다. 거울을 보며 던지는 질문이 잦아진다. '나는 누구인가? 나는 지금 어디로 가고 있는가? 내가 꿈꾸던 인생은 어디에 있는가?' 이제 다시는 술을 안 마시겠다고 다짐도 한다. 벌써 몇 번째인지 모른다. 이제 한 달 간격으로 되풀이되는 의식 행사가 되었다.

"식사하세요. 콩나물국 끓여놨어요."
"어, 그래 고마워."
"무슨 술을 그렇게 마셔요. 당신이 아직 이팔청춘인 줄 알아요?"
"……."

여기서 바로 대답하면 전쟁이 시작된다는 걸 직감적으로 안다. 아내가 한 번 더 물어보기를 기다린다.

"요즘, 회사에 무슨 일 있어요? 왜 그렇게 술을 마시는 날이 잦아요?"

이때를 기다렸다는 듯이 말해야 한다. 결혼 생활 10년차 이상이면 깨닫게 되는 생존 기술이다. 아내의 태도가 '화가 났다'에서 '걱정된다'로 태세 전환되는 순간인 것이다.

"여보, 사실 요즘 많이 힘들어. 밑에서는 후배들이 치고 올라오지, 위에서는 나보다 먼저 승진한 후배가 윗사람 행세를 하고. 부장 승진은 점점 멀어지는 것 같고……."

"그래도 그만둘 생각은 말아요. 지금부터 퇴직 준비를 하면 돼요. 나도 이제 일거리를 찾아볼게요."

아내의 말에 내 자존감이 고개를 숙인다. '아! 언제부터 내가 이렇게 되었지?' 그래도 같이 승진 못하고 있는 입사 동기 K보다는 낫다. 그 집은 부부간 호칭이 '여보'에서 '인간아'로 바뀐 지 오래다. 늦게까지 술을 먹어도 어디냐고 문자 한 통 보내지도 않는단다. K는 이제 그 문자가 그립다고 했다. 그리고 '곧 이혼을 할 것 같다'며 불안한 미래를 걱정하고 있다.

불안하기는 나도 마찬가지다. 뭔가 해야 한다는 내면의 울림은 있는데 뭐부터 해야 할지 모르겠다. 어느덧 회사에 도착했다. 답답한 마음에 건물 모퉁이에서 담배 한 대를 피웠다. 그리고 다시 잘해보자고 마음속으로 다짐하며 엘리베이터를 탔다. 상무님이 같이 타셨다. 나를 쳐다본다. 니코틴의 역겨운 냄새를 저주하는 눈빛이다. '아! X발 아침부터 꼬이네.' '내 인생이 이 모양 이 꼴로 된 게 무엇 때문일까? 나는 지금 무엇을 하고 있는가? 나에게 장미빛 미래는 있는가?' 다시 고민이 시작되었다.

몇 년 전 직장인들의 생활을 자세히 보여준 국민 드라마가 있었다. 〈미생〉이었다. 위 이야기는 그 드라마를 조금 각색한 내 이야기다.

40대는 퇴직은 쉬워도 이직은 어렵다. 화난다고 회사를 퇴직해서 창업하면 열에 아홉은 망한다. 도대체 어쩌란 말인가? 나는 어디로 가야 하는가? 길이 보이지 않는다. 나에게 정답을 말해주는 사람도 없다. 나 스스로 찾아야 한다. 어쩌면 40대에 해야 할 가장 중요한 일은 나를 찾는 것과 '어떻게 살 것인가?'에 대한 답을 찾는 일이다.

전쟁터에서 만난 인문고전

나는 20년간 장교로 복무했다. 일반 직장인들과 마찬가지로 군인이라는 직업도 마흔이 되면 흔들린다. 승진을 하지 못하면 계급정년에 걸려서 전역을 해야 하기 때문이다. 그래서 나는 마흔이 되던 해에 아프가니스탄 파병을 선택했다. '군인이라면 전쟁을 경험해봐야 한다.'라는 생각도 있었지만 승진 경력에 도움이 될 것이라고 판단했다. 3개월간의 파병 준비를 마치고 350여 명의 전우들과 함께 아프가니스탄으로 날아갔다.

내가 경험한 '아프가니스탄 전쟁'은 매일 전투가 벌어지는 지옥의 현장이었다. 다행히 한국군은 비교적 교전이 적은 동부 지역으로 파병되었다. 안전한 지역이라고 했지만 사실 전쟁하는 나라에 안전한 곳은 없었다.

한국군 파병 부대가 '바그람 미군 공군기지' 안에 있을 때는 2~3일에 한 번은 로켓 공격을 받았다. 비상 사이렌이 울리면 모두 하던 일을 그만

두고 신속하게 콘크리트 대피호 안으로 피했다. 잠시 후 '슈우욱 쾅 쾅' 벼락같은 폭음과 함께 땅의 진동이 느껴진다. '삐뽀 삐뽀' 이번에는 구급차가 출동하는 소리가 들린다. '아! 사상자가 없기를…….' 대피호 안에서 동맹군 인트라넷 망으로 현재 상황을 검색한다. '기지 동쪽 ○○ 동맹군 숙소에 2발, 사상자 3명'이라는 내용이 실시간 채팅창에 올라온다. 누군가의 인생이 삶과 죽음의 경계를 넘고 있다. 오늘도 내가 그 누군가가 되지 않음에 감사할 따름이었다.

마흔, 흔들리는 나이에 나는 가장 극한 상황 속으로 나를 밀어넣었다. 방황하는 내 영혼을 전쟁이라는 틀에 넣고 흔들림의 종지부를 찍고 싶었다. 그런데 아프가니스탄은 새로운 고통으로 나를 흔들었다. 삶과 죽음, 인생의 성공과 실패, 극한 상황에서 나타나는 사람들의 본성, 살고 싶다, 나는 누구?, 여기는 어디? 내 일기장에는 이런 표현들만 늘어났다.

스트레스로부터 나를 지탱해준 것은 인문고전 책이었다. 하루 일과를 마치면 숙소에 돌아와서 책을 읽었다. 독서를 방해하는 것은 딱 두 가지였다. 탈레반이 공격하거나, 전갈이 내 눈 앞에서 꼬리를 치켜들고 지나가거나. 이 두 가지를 제외하면 책 읽기에 더 없이 좋은 환경이 전쟁터다.

나는 인문고전 책을 읽으며 인생의 의미를 깊이 생각했다. 지금까지 학교에서 배운 지식으로는 이르지 못하는 경지였다. 그리고 점점 더 독서에 빠져들었다.

문학과 역사와 철학이 전쟁을 만나면 깨달음의 경지가 심오해진다. 사랑은 더욱 애틋하게 다가오고, 역사의 교훈은 생존으로 느끼며, 다른 이의 주검을 보면 만사 제쳐 두고 살아 있음에 감사하는 철학을 배우게 된다. 나의 흔들리는 마흔은 인문고전이라는 스승을 만나 차츰 안정을 찾아갔다. 나를 돌아보는 시간이 점점 늘어났다. 그리고 '지금 나는 어디에 서 있는가?'라는 질문에 조금씩 답을 찾아가게 되었다.

마흔, 인생의 절반쯤에서 나를 돌아보는 시간이 필요한 나이다. 지금 당신은 어디에 서 있는가? 그 누구도 나의 인생에 대해 말해줄 수 없다. 오직 나만이 해석하고 평가할 수 있다. 그런데 제대로 해야 한다. 그냥 아무 생각이나 하면 성찰이 되지 않는다. 그러면 발전도 없고 성장도 없다. 그래서 생각하는 법을 배워야 한다. 사람은 배우지 않으면 늘 비슷한 삶을 살 수밖에 없다. 나는 전쟁터에서 인생을 배웠다. 인간의 가치와 존엄에 대해 느꼈다. 그리고 인문고전이 나를 성장시키는 최상의 공부임을 알게 되었다. 지금부터 그 이야기를 하려고 한다.

2

브레이크를 걸고 기본으로 돌아가다

"잠시 동안 가만히 앉아 사색을 하는 것을 두려워하지 말라."

— 로레인 핸스버리 —

내 인생의 Great Stop!

"3재(三災)라서 그래! 3년 동안은 재수 없어. 되는 일도 없고."

"그럼 지금 일어나는 모든 일들이 3재(三災)가 들어서 그런 건가요?"

"그래. 3재(三災)가 들면 어쩔 수 없어. 굿을 하면 좀 낫지."

"굿을 하면 3재(三災)가 없어지나요?"

"없어지지는 않아. 큰 위험을 줄여줄 수는 있지."

"아, 네."

아프가니스탄 파병까지가 나의 전성기였다. 파병 복귀 후 나는 이런

저런 문제에 시달리며 힘든 나날을 보내고 있었다. 답답한 마음에 무속인을 찾아갔다. 3재(三災)라서 굿을 해야 한다고 했다. 그런데 굿 비용이 500만 원이라 엄두를 내지 못하고 그냥 나왔다. 나에게 적합한 솔루션이 되지 못했다. 그냥 신세 한탄만 하고 온 셈이었다.

당시 나는 가정불화, 경제적인 문제, 진급 누락 등으로 극심한 스트레스를 받고 있었다. 봉급날이 되면 1억 5천만 원의 빚을 갚는다고 모두 빠져나가고 겨우 생활비 정도만 남았다. 아내와의 소통은 정상적으로 이루어지지 않았다. 스트레스로 인해 치아가 흔들려서 수천만 원의 치료비용까지 든다고 했다.

어느 날 혼자 누워 있는데 나도 모르게 눈물이 흘러내렸다. 눈물, 콧물이 범벅이 될 정도로 감정이 격해졌다. 왜 나에게 이런 일이 일어나는가? 내가 무엇을 그렇게 잘못했다고 한꺼번에 이런 시련을 주시는가? 하늘이 원망스러웠다. '내가 이렇게 되려고 전쟁터에 가서 목숨 걸고 싸웠나?'라는 생각마저 들었다. 파병을 가지 않았다면 가정을 지킬 수 있었을 것 같아서 더욱 나 자신이 원망스러웠다. 휴지로 눈물을 닦고 코를 힘껏 풀었다. 그 압력으로 인해 흔들리던 치아 중 2개가 그냥 빠져버렸다. 나는 깜짝 놀랐다. 빠져버린 치아의 틈이 내 마음을 뻥 뚫어버린 것 같았다. 이제는 정말 살기도 싫어졌다. 이런 모습으로 살 수 없다는 생각이 들었다. 그리고 나쁜 생각을 했다. 벨트를 풀어 동그랗게 고리를 만들었다. 거기까지 기억난다. 그 중간에 어떤 일이 벌어졌는지는 생각하고 싶지 않다. 다만 어떤 기운에 의해 살아야겠다는 강한 의지가 벨트를 끊어 버렸다는 것만 기억한다.

그날 이후로 나는 내 인생에 브레이크를 걸었다. 앞으로 나아가지 못한다 해도 괜찮았다. 그때 나에게 필요한 것은 전진이 아니라 멈추는 것이었다. 모든 것을 멈춘 상태에서 오직 나를 돌아보고 인생의 의미를 찾는 게 중요했다. 그래서 아프가니스탄에서 보던 인문고전을 계속 읽었다. 퇴근 하면 곧장 도서관으로 갔고, 주말이 되면 하루 종일 도서관에서 책만 보았다. 그리고 지금 겪고 있는 이 모든 시련이 누구의 탓도 아닌 내 탓이라 생각했다. 그래서 더 이상 원망하는 마음으로 살지 않기로 했다.

그해 겨울이 마지막인 사람

지인 중에 암으로 투병하는 K선배가 있다. 운동도 잘하고 키도 커서 대학 시절부터 여학생들로부터 인기가 많았다. 그런 선배가 갑자기 암이라고 연락이 왔다. 언제부터인가 쉽게 피로해지고 식욕도 없어져서 병원에 갔더니 암이라고 했다. 그것도 말기 암이었다. 선배는 억울하다고 했다. 이 좋은 세상에 지금껏 일만하다가 가게 되었다며 울었다. 결혼해서 자식 키우고 회사에 충성하면서 살았다. 선배 자신을 위해 큰 돈 한 번 써본 적도 없다고 했다. 암 진단이 내려지기 전에 K선배가 유일하게 자신을 위해 큰돈을 쓴 적이 있다. 차를 바꾸었는데 수입 차 '아우디'를 샀다. 요즘은 수입 차를 많이 타지만 예전에는 성공한 사람들만 타는 차였다. 선배는 수입 차에 대한 로망이 있었다. 그런데 딱 2개월 타고 암 투병으로 세워놓았다. 어쩌면 병원비로 인해 다시 팔아야 할지도 모른다. 이렇게 허무하게 갈 걸 알았다면 자신을 위해 더 많은 시간과 돈을 썼을 거라고 했다. 하지만 이제는 늦었다. 그동안 모아 놓은 돈으로 병원비용만 해도 감당하기 어려웠다. 대출이 절반인 아파트도 팔아서 전세로 옮겨야 했다. 병원비를 감당하기가 무척 어려운 상황이었다.

"선배, 보험 든 거 없어요?"

"있는데 사실은 지금이 두 번째 수술이야."

"그게 무슨 말이에요?"

"보험회사에서 처음 수술비용만 지원해주고 재발하면 지원금이 없어. 특약을 들지 않으면 지원해주지 않아."

"네? 그런 게 어디 있어요?"

"성질내지 말고 네 것도 잘 살펴봐. 보험약관에 보면 그렇게 되어 있어."

나는 집으로 와서 보험 약관을 살펴보았다. 정말 그랬다. 40대는 아파서도 안 되는 나이인가 보다. 세상이 불공평하다는 생각이 들었다. 그래도 할 수 없었다. K선배는 왜 자기한테 그런 몹쓸 병이 왔는지 하늘을 원망했다. 하지만 이제는 모든 것을 내려놓았다. 그랬더니 마음이 편안해졌다고 했다. 40대에 건강을 잃으면 일단 억울하다고 했다. 평소 건강 관리에 신경 쓰지 않은 것이 후회된다고 했지만 이미 늦었다. 그리고 정말 하고 싶은 것을 하며 살라고 했다. K선배는 아이들을 결혼시키고 나면 아내와 둘이서 세계 여행을 가려고 계획했었다. 그걸 못하게 된 것이 아내에게 미안하다고 했다. 돈 너무 아끼지 말고 자신을 위해서 투자도 할 수 있어야 된다고 했다. 그래야 나중에 잘못되어도 하고 싶은 일을 하며 살았으니 후회는 하지 않을 거라고 했다.

K선배는 그해 겨울을 넘기지 못했다. 가장을 잃은 가정은 쓰나미가 지나간 폐허만 남은 것처럼 처참했다. K선배는 인생의 쉼표도 없이 앞만 보고 달렸었다. 그리고 암에 걸렸다. 재충전을 위한 쉼표가 아니라 영원한 쉼표가 되어버렸다. 40대에는 이런 사연이 드물게 일어나는 게 아니다. 그래서 인생의 쉼표가 필요한 나이다. 내 인생에 브레이크를 걸고 잠시 멈추어야 한다. 그리고 내가 어디서 무엇을 하고 있는지 들여다보아야 한다.

혜민 스님은 『멈추면 비로소 보이는 것들』에서 인생에 쉼표를 주어야 한다고 말한다. 멈추고 가만히 들여다보면 그동안 보지 못했던 것을 볼 수 있다. 그리고 삶의 의미를 찾을 수 있다고 말한다. 우리는 살면서 얼마나 자신을 들여다보고 인생의 의미를 생각하고 있는가? 나는 K선배를 떠나보내고 곰곰이 생각해봤다. '나는 지금 엄청난 시련을 이겨내는 중이다. 그동안 남 탓을 하느라 나 자신을 제대로 보지 못했다. 이제는 달라져야 한다. 생각부터 바꿔야 한다.' 여기까지 생각이 이르자 문득 다산 정약용이 생각났다.

다산은 조선 최고의 실학자였다. 500여 권에 달하는 책을 저술하고 화성 설계와 거중기를 제작한 학자이다. 정조 임금과 조선 후기 개혁을 추진한 정치가이기도 했다. 정조 사후 그의 집안은 역적으로 몰려 몰락했다. 다산은 18년간의 유배 생활을 겪어야 했고 그의 셋째형 정약종은 처형을 당했다. 다산이 처음 유배를 갔을 때 그를 받아주는 데가 없었다. 그래서 가난한 떡장수 노파의 집에서 머물렀다고 한다. 이후 다산의 처참한 유배 생활에 대한 이야기는 끝이 없을 정도다. 그래도 다산은 희망의 끈을 놓지 않았다. 오히려 그동안 공부를 게을리했는데 제대로 공부를 해보자고 마음을 다잡았다고 한다.

나는 마흔 초반에 내 인생에 브레이크를 걸었다. 소위 말하는 3재(三災)가 내게 든 것이다. 미신이라며 믿지 않았다. 그런데 정말 모든 게 망가지고 있었다. 나는 멈춤 속에서 나를 돌아보기로 했다. 나보다 더 안 좋은 상황에서도 희망의 끈을 놓지 않고 사는 사람들이 있었다. K선배가 그랬고, 다산 정약용이 그랬다. 나의 시련은 그들에 비하면 아무것도 아니다. 다산은 무려 18년 동안 유배 생활을 견디며 500여 권의 책을 저술했다. 그런데 나는 지금 힘들다고 투정을 부리고 있다. 다시 기본으로 돌아가자. 그리고 철저히 나를 분석해보자. 지금 나에게 필요한 것은 나를 제대로 아는 것이라고 생각했다.

3

나를 아는 것이 생존의 시작이다

"현재까지 이어온 길을 알아야만 미래를 분명하고 현명하게 계획할 수 있다."

― 아들라이 E. 스티븐슨 ―

적의 주검에서 깨달은 것들

탈레반의 춘계 공세가 시작되었다. 1월~3월까지는 매서운 한파로 인해 공격이 뜸했는데 4월이 되자 다시 본격적으로 공격을 시작했다.

그 첫 신호탄으로 5명의 자살 특공대가 무모한 공격을 해왔다. 다행히 그 당시 한국군은 '바그람 공군기지'에서 나와 별도의 독립된 기지로 이전한 상황이었다. 5명의 자살 특공대는 '바그람 공군기지'의 외곽에서 미군 복장으로 은밀하게 접근했다. 그리고 미군 초소를 향해 휴대용 로켓포를 쏘고 울타리 철조망을 넘어 기지로 들어갔다.

이 모든 상황이 CCTV로 생중계 되고 있었다. 바그람 기지의 미군들은 신속히 침투 원점으로 이동해서 교전을 시작했다. 얼마나 급했으면 반바지를 입은 상태로 출동해서 총을 쏘는 병사도 있었다. CCTV는 탈레반과 미군을 동시에 보여주었다. 탈레반 특공대 1명이 수류탄을 초소로 던졌고 초소 내부에서 터졌다. 다행히 미군은 신속하게 초소를 빠져나온 후 수류탄이 터졌다. 약 1분간의 교전이 있었고 이후 아파치 공격 헬기가 상공에서 로켓을 발사했다. 전투 현장은 순식간에 정리되었다. 울타리 바깥에서 넘어오려고 대기하던 적 4명도 아파치 공격 헬기의 기관총과 로켓 공격이 있은 후 모두 사살되었다.

날이 밝았다. 미군들이 현장으로 가서 적의 시체를 확인하는 모습이 보였다. 사살된 적 1명이 조금 움직이는 듯 보였으나 이내 움직임이 멈추었다. 마치 건전지가 다되어서 멈추어버린 장난감처럼 보였다. 생명이 빠져나가는 순간 인격체가 아니라 물체가 되어버린 것이다.

한국군도 미군기지 전투 상황을 보며 기지 경계와 경호 작전 모두 최고 단계를 적용했다. 미군기지 교전 영상을 보고 나는 잠을 이룰 수가 없었다. 5명의 탈레반 특공대는 분명 죽음의 길이라는 것을 알고 있었을 것이다. 그들은 왜 죽을 줄 알면서 무모한 공격을 했을까? 그들에게도 사랑하는 가족이 있었을 것이다. 그들은 사랑하는 사람들에게 무슨 말을 하고 나섰을까? 생각이 꼬리에 꼬리를 물어서 잠을 잘 수가 없었다.

1년 후 나는 시련을 이겨내려고 발버둥을 치고 있었다. 그 발버둥은 두 가지였다. 하나는 책을 읽는 것이고, 다른 하나는 필사를 하는 것이었다.

다산 정약용에 관한 책을 필사하면서 우연히 아프가니스탄에서 썼던 파병 일기를 다시 보았다. 탈레반 특공대 5명이 떠올랐다. 그리고 나에게 질문을 던졌다. '나는 무슨 일을 하면서 목숨 걸고 해본 적이 있는가?' 대답은 '한 번도 없다'였다. 나는 그들과 나를 비교해보았다. 비록 적이었지만 그들은 자신들의 신념을 위해 목숨을 버렸고 나는 그런 삶을 살지 못했다. 갑자기 그들보다 못한 나 자신이 창피했다. 도대체 나란 놈은 어떤 놈인가?

성찰의 시간

서점에 들러 나를 알기 위한 책을 찾았다. 그때 만난 책이 존 러벅의 『인생에 관한 17일간의 성찰』이었다. 첫째 날에 보면 이런 내용이 있다.

"삶에서 깨달아야 할 가장 중요한 것은 어떻게 살 것인가? 하는 물음에 대한 답이다. 삶처럼 사람들이 고민하는 것도 없지만 또 인생을 잘 사는 문제만큼 사람들이 노력을 기울이지 않는 것도 없다. 물론 이것은 절대 쉬운 문제가 아니다. 히포크라테스의 격언을 다시 한 번 들어보자. 그는 『아포리즘(Aphorism)』의 첫머리에 이렇게 남겼다. '인생은 짧고 예술은 길다. 기회는 달아나고 경험은 부족하며 판단은 어렵다.' 인생에서의 행복과 성공은 환경에 달린 것이 아니라 우리 자신에게 달려 있다. '다른 사람에 의해 파멸하는 사람보다 스스로 파멸하는 사람이 훨씬 많다.' (중략) 사람의 입이나 펜 끝에서 나온 모든 슬픈 말 중에서 가장 슬픈 말은 '그랬더

<인생에 관한 17일간의 성찰>

존 러벅 지음, 노지양 옮김, 사색/에세이

이 책은 Macmillan And Co.에서 1894년에 출간한
<The Use of Life>와 1890년에 출간한 <The pleasure of Life>
를 발췌번역한 것임.

(영어 원문 확인 (영1장))

> 슬픔도 거품처럼 여길 있게,
> 한결같은 친철함으로 맞아야 한다.
> 강당하고 순수하고
> 거룩했고 대범하고 그리고 강인하게
> 하찮은 문제들을 이겨내라.
> 위대한 생각과 숭고한 생각과
> 영원히 이어질 생각을 둔어라.

1. 가장 행복한 경우
2. 인격
3. 자기 계발
4. 운명
5. 관계의 기술
6. 좋은 사람의 나쁨을 읽는 지혜
7. 부란 무엇인가
8. 돈을 쓰는 방법
9. 밝은 성격의 인물
10. 희망
11. 책의 향기

MooKeuk

라면 좋았을 텐데.'이다."

나 역시 스스로 파멸에 이르는 삶이 될 뻔했다. 그리고 과거에 집착하며 '그때 그렇게 했어야 했는데'라는 후회를 많이 했다. 그런데 이제 질문을 바꿨다. 나는 누구인가? 어떻게 살 것인가? 그리고 책과 삶 속에서 그 답을 찾기 위해 노력했다. 항상 시간만 되면 '나는 누구인가? 어떻게 살 것인가?'라고 생각했다.

첫 번째 물음에 대한 답은 우연히 길을 걷다가 깨달았다. 교회 앞에서 길거리 버스킹으로 전도를 하고 있었다. 노랫말 한 구절이 머릿속으로 쑥 들어왔다. "당신은 사랑 받기 위해 태어난 사람." 평상시 같으면 그냥 아는 노래 가사 정도로 생각했을 것이다. 그런데 '나는 누구인가?'를 계속 질문하다가 이 가사를 만나니 '이게 답이야!'라고 알려주는 것 같았다.

나는 누구인가? 이 질문에 나는 그동안 성격, 좋아하는 것, 잘 하는 것 등을 생각했었다. 그런데 내가 사랑 받기 위해 태어난 사람이라고 생각하니 모든 것이 다르게 보였다. 특히 나 자신뿐만 아니라 타인을 생각하는 기준도 바뀌었다. 그리고 나 자신을 사랑하는 방법도 생각하게 되었다. 나는 나를 사랑하는 방법으로 '인문고전 독서'라는 선물을 주었다. 더 잘 생각하는 방법을 아는 것이 나를 사랑하는 것이었다.

모든 사람은 사랑 받기 위해 태어났다. 그래서 상대방을 존중하는 마음은 모든 관계의 핵심이다. 모두가 '나는 누구인가? 사랑 받기 위해 태어난 사람이다.'라고 생각한다면 세상은 사랑으로 가득 찬 살 만한 곳이 될 것이다.

두 번째 '어떻게 살 것인가?' 이 문제를 풀기 위해 먼저 나에게 질문을 했다. 나는 어떤 사람인가? 내가 어떤 사람인지 역사를 거슬러 올라갔다. 옛 속담에 "될성부른 나무는 떡잎부터 알아본다."라는 말이 있다. 나는 책 읽기를 좋아하는 아이였다. 그래서 어른들은 나를 두고 이 속담을 자주 말했다. 나는 스스로 될성부른 나무라고 생각하며 자랐다.

그런데 초등학교 1학년부터 5학년까지 나는 줄곧 2등이었다. 1등을 한 번도 하지 못했다. 아무리 노력해도 1등은 K였다. 그래서 언제부터인가 1등이 미워졌다. '아, K만 없으면 1등은 내 차지일 텐데. 저 녀석 다른 학교로 전학 가면 좋겠다.' 시험이 있는 날이면 더 간절하게 기도했다. '하느님, 부처님, 조상님. K가 다른 학교로 전학 가게 해주세요.' 나는 더 열심히 노력하지 않고 요행을 바라는 어리석은 기도를 했다. 1년 후 우리 집은 아버지의 사업 실패로 나는 다른 학교로 전학을 가게 되었다. 그날 매번 3등을 하던 P가 유난히 다정한 모습으로 나에게 잘 가라고 했다. 3등 하던 P의 소원이 이루어졌다고 생각했다. P가 더 간절하게 2등을 원해서 그렇게 되었다고 생각했다. 나는 니체를 만나고 나서 이런 나의 생각이 르상티망(약자의 강자에 대한 시기심)이라는 것을 알았다. 그것이 내 인생에 어떤 영향을 끼칠지도 모르면서 말이다.

니체를 만나고 나서 나는 깨달았다. '나는 어떤 사람인가?'라는 질문에 어린 시절의 모습으로 나를 각인하면 안 된다는 것이다. 프로이트는 과거의 트라우마가 현재, 미래를 지배한다고 했다. 원인론의 관점이다. 여기에 반대적인 입장의 심리학자가 앨프레드 아들러(Alfred Adler)이다. '나는 시기하고 욕심 많은 아이였다.'라고 각인하면 이 심리가 현재와 미래를 지배하게 된다. 아들러는 "사람들은 현재의 목적을 위해 행동한다."라고 했다. 심지어 "과거를 지우거나 수정할 수 없기 때문에 현재의 목적을 위해 유리한 해석을 하는 편이 낫다."라고 주장했다.

초등학교 5학년 송은섭의 잘못된 기도, 그 르상티망은 그때 상황에서 종결지어야 했었다. 그래서 나는 생각했다. '이 르상티망의 습관이 더 이상 현재와 미래에 영향을 미치지 않게 해야 한다.' 나는 조용히 눈을 감고 명상에 잠겼다. 과거 나에게 상처를 준 사건들을 떠올렸다. 그리고 하나씩 현재의 목적을 위해 유리한 해석을 했다. '초등학교 때 성적은 그리 중요한 것이 아니다.', '파병 복귀 후 내가 겪고 있는 문제들은 나를 성장시키기 위한 과정이다. 이 시련들을 극복하는 순간 나는 예전의 내가 아닌 모습으로 성장해 있을 것이다.' 이렇게 생각하니 차츰 삶의 희망이 보이기 시작했다. 그리고 인생에서 내가 내린 어리석은 생각과 결정들이 반복되지 않도록 나를 단련시키기로 했다. 나를 아는 것이 생존의 시작임을 깨달은 것이다.

단테, 『신곡-지옥편』,
"다시 희망을 꿈꾸게 하다."

"우리 인생길 반 고비에 올바른 길을 잃고서 난 어두운 숲에 처했었네. 아, 거친 숲이 얼마나 가혹하며 완강했는지 얼마나 말하기 힘든 일인가! 생각만 해도 두려움이 새로 솟는다."

– 1곡, 첫 시작 문장, 단테가 자신의 상황을 독백으로 말하는 장면

"이 숲을 벗어나고 싶다면 너는 다른 길로 가야 한다."

– 1곡, 늑대에 가로막힌 단테에게 베르길리우스가 조언하는 말

"여기 들어오는 너희는 모든 희망을 버려라."

– 3곡, 지옥 문 꼭대기에 쓰인 글자

단테의 신곡은 총 3편(지옥편, 연옥편, 천국편)이다. 이 책을 읽을 무렵 나는 모든 것을 포기한 상태로 세상을 원망하고 있었다. 남 탓도, 내 탓도 아닌 세상 탓을 하고 있었다.

지옥편의 1곡 첫 문장처럼 나는 인생의 반을 살았고 어두운 터널에 갇혀 희망을 놓아버렸다. 그런데 단테가 늑대에 가로막혀 오도 가도 못하

는 상황에서 길잡이 베르길리우스의 말에서 '나는 다른 길을 찾아야겠다.'라고 생각했다. 당시 나는 가정과 직장, 건강 모든 것이 고통으로만 느껴져서 생을 마감하려는 생각을 자주 했었다. 그 방법을 찾기 위해 인터넷을 검색하기도 했다. 그런데 단테의 『신곡』이 내가 다른 길을 찾게 만든 것이다.

　내가 결정적으로 생각을 바꾼 것은 3곡에 있는 지옥 문 꼭대기에 쓰인 글이었다. "여기 들어오는 너희는 모든 희망을 버려라." 나는 책장을 덮고 한참을 생각했다. 지옥문을 통과하려면 모든 희망을 버려야 통과한다. 반대로 생각하면 '모든 희망을 버리면 지옥에 간다.'라는 결론이 나왔다. 나는 희망을 버려가면서까지 일부러 지옥을 찾아가기는 싫었다. 그리고 문득 깨달음이 찾아왔다. '나는 인생의 절반밖에 살지 않았다. 아직 희망을 버리기에는 너무 이르다. 다시 시작해보자.' 그때가 내 인생의 전환점이 되었다.

역사가 반복되듯 인생도 반복된다

"태어난 곳, 현재 살고 있는 곳과 살고 있는 방식은 그리 중요하지 않다.
진정으로 관심을 둬야 할 것은 우리가 지금까지 살아온 곳에서
무슨 일을 하며 살아왔느냐이다."

— 조지아 오키프 —

사기꾼, 그놈의 말투를 기억하다

"길 좀 물어봅시다."

"네, 말씀하세요."

말쑥한 차림의 중년 신사가 나에게 다가와서 길을 물었다. 나는 수첩을 꺼내 지도를 그려가며 상세하게 설명해주었다.

"너무 감사해서 그냥 갈 수가 없네요. 내가 좋은 선물 하나 줄 테니 잠깐 제 차로 와보세요."

"아니, 괜찮습니다."

"잠깐이면 되니까 와 보세요. 고마워서 그래요."

나는 신사의 친절이라 생각하고 따라갔다. 외제 차 한 대가 서 있었다. 차 안에는 정장 차림의 남자 2명이 더 있었다. 그들은 보여줄 게 있다며 나를 뒷좌석에 태웠다. 그리고 소형 노트북 1대, 카세트 1대, 사진기 1대를 보여주었다. 자기들은 세관원인데 밀수품을 적발해서 압수한 물건이라고 했다. 내가 너무 친절하게 길을 알려주어서 시중가의 반값으로 나에게 주겠다고 했다. 그냥 주고 싶지만 자기들도 출장비, 기름 값 해야 한다며 그저 주는 것과 같다고 했다. 당시 나는 28살, 결혼을 앞두고 가전제품 등 혼수를 일부 준비해야 했다. 그래서 시중가의 반값이라는 말을 믿고 사버렸다. 그들이 담아 주는 조잡한 박스에 물건을 넣고 집으로 향했다.

그런데 오면서 계속 양심에 꺼림직했다. 밀수품이라는 말도 그렇고 세관원이라는 사람들이 그렇게 해도 되나 하는 생각에서였다. '아차, 속았다.' 나는 발걸음을 멈추고 다시 그 차가 있던 위치로 뛰어갔다. 내가 다시 돌아오는 것을 보고 그들은 시동을 걸고 서둘러 출발했다. 나는 따라가며 차량번호를 적어서 경찰서로 갔다. 내가 사기를 당한 것 같다고 말하며 신고를 했다. 담당 경찰은 차적 조회를 하더니 도난 차량이라고 했다. 나는 털썩 주저앉았다. 왜냐하면 신부가 될 사람과 가전제품을 보러 가기로 했는데 그 돈에서 일부를 내가 써버린 것이다. 더 큰 충격은 태어나서 처음으로 내가 사기를 당했다는 것이다.

나는 이 제품들이 정상적으로 작동되는지 전원을 연결했다. 작동하지 않았다. 분명히 내 앞에서 켰을 때는 작동이 되었는데 전혀 다른 제품을 나에게 준 것이다. 보여준 샘플과 나에게 주었던 제품은 달랐다. 겉모양은 똑같은데 내부가 텅 비어 있었다. 멍청한 나 자신이 미웠다. 어떻게 합리적인 의심도 해보지 않고 그런 결정을 했는지 이해가 되지 않았다.

이후 나는 나에게 친절을 베풀며 다가서는 사람들을 경계하고 의심하는 습관이 생겼다. 완전히 내가 알기 전에는 믿지 않았다.

그 사기 사건으로부터 17년이 흘렀다. 나는 퇴직 1년을 앞두고 있었다. 미국에서 사업을 하는 재미 교포 G라는 사람이 내 핸드폰으로 연락해왔다. 나는 내 전화번호를 어떻게 알았냐고 물었다. 그는 내 제자 L에게 연락처를 받았다고 했다. 일단 경계를 풀고 무슨 일로 연락했는지 용건을 물었다. 부탁을 하나 하고 싶은데 너무 오랜만에 한국에 왔더니 아는 사람과 연락이 닿지 않는다고 했다. 순간 17년 전 그 사기꾼과 같은 목소리 톤이 느껴졌다. 사기꾼은 사기를 치기 위해 위장을 해야 한다. 그래서 위장하는 목소리가 모두 비슷하다. 진실이 담긴 목소리가 아니라는 뜻이다. 그것을 나는 큰 대가를 치르고 배웠다.

그는 나에게 자신이 서울대 ROTC 출신이라고 했다. 그리고 호텔 사업을 한다고 했다. 한국 출장은 평창 동계올림픽을 대비해서 호텔을 짓고 있다고 했다. 그렇게 한 달에 한 번 정도는 전화 연락이 왔고 분기 1회 정도는 어떻게든 만나서 식사를 했다. 말 그대로 나에게 공을 들이고 있었다. 목표는 나의 퇴직금이었다. 그런데 어쩌나 나는 퇴직금이 없다. 연금으로 전환되기 때문이다. 일시금으로 받을 수 있는 퇴직금은 5천만 원 정도 되었다. 그나마 그것도 빚 갚는 데 고스란히 바칠 예정이었다.

그리고 6개월 정도 연락이 없었다. 내가 퇴직하는 바로 전날 G가 연락해왔다. 우리 집 근처에 볼일이 있어서 왔다가 내 생각이 났다며 만나자고 했다. 나는 별로 내키지 않았지만 저녁에 딱히 약속도 없었고 해서 나갔다. G는 이런저런 이야기를 하다가 나한테 좋은 물건이 있다고 했다. 순간 나는 '드디어 본 모습을 드러내는구나!'라는 생각이 들었다. 자신이 짓고 있는 'ㅇㅇㅇ호텔'에 투자를 하라는 것이다. 나니까 특별히 자기 지분 중에서 일부를 팔겠다고 했다. 나는 속으로 '무슨 X소리를 더하나 들어보자.'라고 생각하고 들어주었다.

말이 많아지면 실수를 하게 되어 있다. 결정적인 실수를 포착했다. 아무리 날고 기는 사기꾼이라도 실수는 한다. 나를 안심시키기 위해 한 말 중에서 거짓말이 드러난 것이다. G는 ROTC로 임관해서 장교로 복무했는데 당시 중앙정보부에서 근무를 했다고 말했다. 그것이 결정적인 실수라는 것을 G는 모르는 듯 했다. G는 ROTC 19기라고 했는데 나와는 14년 차이다. 그리고 그때는 '중앙정보부'라는 용어를 쓰지 않던 시대다. '중앙정보부'는 1970년대에 쓰던 용어다. G의 말이 사실이라면 그는 '국가안전기획부'에서 근무했다가 맞는 말이다. 어떻게 자기가 군 생활을 한 곳의 이름도 정확하게 모를 수 있는가?

거짓말은 한두 가지가 아니었다. 나는 더 이상 듣고 있을 이유가 없었다. 그래서 급한 약속이 있었는데 깜빡했다고 말하고 자리를 떴다. 그리고 G에게 문자를 보냈다. '당신은 사기를 치는 것이 당신의 직업이라고 하겠지만, 사기를 당하는 사람은 평생 상처로 남습니다. 앞으로는 좋은 일만 하면서 사시기를 바랍니다. 그리고 더 이상 저에게는 연락하지 마십시오.' 다음 날 G가 나에게 문자를 보냈다. '미안합니다. 연락하지 않겠습니다.'라고.

내가 28살 때 당했던 경험이 17년 후에는 사기꾼을 식별하는 촉이 되어 있었다. 인생은 반복된다. 사기꾼이 나에게 접근하는 것도 반복되는 인생의 일부라고 할 수 있다.

내 인생을 조종하는 덫

제프리 E. 영과 자넷 S. 클로스코의 공동 저서인 『새로운 나를 여는 열쇠』라는 책에는 '인생의 덫'이라는 표현이 나온다.

"인생의 덫은 어린 시절에 시작되어 일생 동안 반복되는 패턴이다. (중략) 이러한 '인생의 덫'은 우리들 자신의 일부가 되어 일생을 조종하게 된다. 어른이 되었음에도 불구하고 과거에 학대받고 무시당하고 책망 받고 조종당했던 상황을 다시 한 번 자초하게 되고 원하는 것과는 반대의 상황을 만들게 된다."

우리는 살면서 반복되는 무언가를 겪게 된다. 그것이 좋은 것일 수도 있고 나쁜 것일 수도 있다. 중요한 것은 그 반복되는 일상에 대해 반응하는 나의 패턴이다. 내가 어떤 반응 패턴을 가지고 있느냐에 따라 성공할 수도 실패할 수도 있는 것이다. 따라서 인생의 반응 패턴을 자세히 들여다 볼 필요가 있다.

앞에서 사기꾼에 대한 사례를 들었지만 남녀 관계의 문제도 사실은 반복의 연속이다. 남자들은 대부분 어머니를 닮은 여자를 좋아한다. 어머니에 익숙해 있어서 그런 스타일의 여자를 만나면 좋아하게 된다. 하지만 여기서 생각해봐야 할 인생의 덫이 있다. 내가 좋아하는 어머니 같은 여자는 없다. 특정한 부분이나, 특별한 상황에서 반응하는 태도, 성격 등 한 부분을 가지고 전체를 생각하기 때문이다. 그래서 사람 보는 눈도 반복의 연속을 만들어내는 이유가 된다. 역사가 반복되듯 인생도 반복된다. 이제는 그 반복되는 이유를 생각해야 한다. 그리고 반응 패턴도 생각해야 한다. 생각할 게 많은 인생이다. 나는 얼마나 많은 생각을 하며 살고 있는가?

당신은 지금 생각하며 살고 있는가?

"우리는 조화의 힘과 기쁨의 힘으로 차분해진 눈을 통해 만물의 삶을 들여다본다."

― 윌리엄 워즈워스 ―

왜 나는 생각하는 법을 배우지 못했다고 생각하는가?

"머리는 샘플로 달고 있냐? 머리는 장식용으로 다는 게 아니야, 생각하라고 있는 거지. 생각 말이야, 생각!"

중요한 기획 문서를 보고했다. 나름 자신 있게 작성해서 보고했는데 청천벽력 같은 호통이 내려졌다. 통상 이런 유형의 직장 상사는 호통만 치고 답을 제시해주지는 않는다. 무조건 다시 하라고만 한다. 말 그대로 의도적인 괴롭힘에 가깝다. 어딜 가나 직장 내에 이런 꼰대 같은 갑질 상사가 있게 마련이다. 요즘은 직장에서 상사가 이렇게 말하면 바로 직장

내 갑질, 인격 모독 등으로 곤란해질 것이다.

나는 충격을 온몸으로 흡수하면서 다시 작성했다. 그래도 이번에는 서류를 던지지 않아서 다행이었다. 퇴근길에 '내가 왜 이런 말을 듣고 살아야 하는가?'라고 생각했다. 이번 주말에는 마음 다스리는 법, 생각하는 법에 대한 책을 읽으며 마음공부를 해야겠다고 생각했다.

주말 도서관을 찾는 사람이 부쩍 늘었다. 나는 생각에 관련된 몇 개의 키워드를 정리했다.

"인간은 한 개의 갈대에 지나지 않는다. 그것도 자연에서 가장 연약한 갈대다. 그러나 그는 생각하는 갈대다." 파스칼이 한 유명한 말이다.

프랑스 조각가 로댕은 〈생각하는 사람〉이라는 작품으로 유명하다. 그의 작품은 정교하고 사실적이다. 실제 사람에게 석고를 부어 만들었다는 말이 나올 정도였다.

천재적인 예술가들은 왜 생각이라는 단어를 자신의 작품 속에 녹여 넣었을까? 사람들로 하여금 어떤 깨달음을 주려고 하는 것일까? 도대체 생각이란 뭘까? 나는 생각하는 법을 배운 적이 있는가? 아무리 생각해봐도 생각하는 법을 따로 배운 것 같지는 않았다.

생각을 공부하면서 우연하게 역사적 한 사실과 마주하게 되었다. '일제 식민지 시대의 조선총독부 건물 해체'라는 사실과 관련된 내용이었다.

1995년, 당시 김영삼 전 대통령은 '국립 중앙 박물관'으로 사용되던 '구조선총독부' 건물을 해체하라는 지시를 했다. 당시 찬반 여론이 들끓었다고 한다. 일제 식민지의 잔해를 없애지 못하고 계속 이어온 것을 청산하는 것은 당연한 일이다. 그런데도 반대 여론이 있었다는 것은 무슨 의미일까? 이해가 되지 않는다.

김영삼은 대통령이 되기 전 일본에 갔을 때 치욕스런 일을 겪었다고 한다. 일본의 지인이 조선총독부 건물 앞에서 찍은 한 장의 사진을 보여주며 아주 자랑스럽게 말했다는 것이다. 덧붙여 한국 여행을 하는 일본인들이 반드시 들러서 기념사진을 찍는 곳이 조선총독부 건물이라는 말까지 했다고 한다. 그들은 일본이 한국을 지배했었다는 사실을 자랑스러운 역사로 인식하고 있었던 것이다.

실제 철거 발표가 있었던 당시 일본의 반응은 더욱 어처구니가 없었다. 자신들이 지은 건물이니 건물을 그대로 일본으로 옮겨가고 싶다는 것이었다. 이전 비용은 모두 일본 정부가 대겠다고 했다. 이에 김영삼 전 대통령은 일언지하에 묵살하고 건물 폭파 지시를 내렸다고 한다.

1945년 8월 15일 우리나라가 일제의 식민 지배에서 벗어나던 날, 조선총독부 마지막 총독 아베 노부유키가 한국을 떠나며 한 말이 있다.

"지금 일본이 전쟁에서 패해 조선을 떠나지만 조선은 과거의 찬란했던 역사를 다시 일으켜 세우는 데 앞으로 100년도 넘게 걸릴 것이다. 우리는 조선에 식민 교육을 심어놓았다. 조선 민족들은 서로 이간질하며 노예 같은 삶을 살게 될 것이다. 나 아베 노부유키는 반드시 다시 돌아온다."

아베 노부유키가 말한 식민 교육이란 그들이 조선을 통치하기 위해 했던 우민화 교육을 말한다. 이 우민화 정책에서 나온 교육의 잔재들이 향후 100년은 지나야 없어질 것이라는 말이다. 무서운 말이다. 우리가 살고 있는 지금 세대는 대부분 100년 이내에 해당한다.

나는 '왜 생각하는 법을 배운 적이 없다'고 생각하는가? 이 질문과 일제의 식민 교육에 관한 자료들이 묘하게 맞아 떨어진다고 생각한다. 그래서 더 많은 자료들을 읽어나가기 시작했다. 그리고 다음과 같은 생각으로 정리가 되면서 질문에 답을 맺었다.

"1910년 일본의 강압에 대한제국이 멸망하고 일제의 식민통치가 시작되었다. 그들은 조선인을 그들의 노예로 만들기 위해 식민 교육을 실시했다. 식민 교육의 핵심은 우민화 정책이었다. 쉽게 말해서 생각하는 법을 가르치지 않고 때리면 맞아 가며 복종하는 법만 가르친다. 그래서 초등학교 선생들도 칼을 차고 수업을 진행했다. 총, 칼로 다스리겠다는 것을 어릴 적부터 공포심으로 심어놓았다. 이런 교육은 해방이 된 이후에도 이어졌다. 아베 노부유키의 저주가 수십 년간 우리 국민을 생각하는 법에서 멀어지게 했던 것이다. 그래서 나는 그 시대적 유물로 인해 '생각하는 법을 배운 적이 없다.'라고 생각하는 것이다."

하지만 이제는 그런 잘못된 역사관이나 교육관을 철저히 고쳐가고 있음에 희망적이라고 생각한다. 그리고 도서관에서 생각하는 법을 제대로 실천하고 있는 수많은 사람들이 그 증거가 되고 있다. 나는 우리나라의 미래가 밝다고 생각했다.

더 잘 생각하기

나는 인문고전을 공부하면서 점점 생각하는 법에 대해 알게 되었다. 그래서 인문고전을 공부하면서 점점 생각하는 법을 배우게 된다고 느낀다. 당신은 더 잘 생각하는 법을 알고 있는가? 나는 생각을 하며 살아야겠다는 결심을 하게 되자 많은 것들이 달라졌다. 먼저 '생각하는 법을 배워야 하겠다.'라는 목표를 세우게 되었다. 그리고 '나는 어떻게 생각하는 사람인가?'라고 나에게 질문을 던졌다. 더 잘 생각하기 위해서 현재의 나를 분석해보는 것이 필요했다.

나는 평소 빠른 결심보다는 신중함을 택한다. 그래서 때로는 우유부단하다는 부정적인 말을 듣기도 한다. 생각이 많아지면 전혀 다른 길로 생각이 가기도 한다. 그래서 인문고전 속의 주인공들은 어떻게 생각을 하는지 분석해보았다. 천재들이 써놓은 주인공의 일생은 생각에 자신의 신념, 가치관이 들어 있었다. 그래서 그 가치관에 따라 일관된 생각을 일상에 적용하고 있었다. 나는 비로소 작은 깨달음을 얻었다. 일상의 모든 생각들은 그 사람의 가치관에 따라 표현될 뿐이다. 그렇다면 생각에 앞서 훌륭한 가치관을 먼저 가져야 한다. 나는 이렇게 생각이 이어지자 역시 인문고전의 힘은 대단하다고 느껴졌다.

40대는 직장 생활에서 보면 조직을 이끌어가는 위치에 있다. 항상 무언가를 생각해야만 하는 위치다. 그런데 자세히 들여다보면 너무 쉽게 생각할 때가 많다. 특히 직장 상사가 일하는 모습을 보고 배워서 그의 업무 방식을 따라 하는 경우도 있다. 윗사람이 내 위치에 있을 때 그의 생각과 습관을 나도 모르게 따라 하는 것이다. 그리고 그걸 내 생각이라고 우기기도 한다.

우리는 윗사람의 머릿속에 무슨 생각이 있는지 알아야 한다고 배웠다. 그래서 상급자의 의도를 파악하고 그에 맞는 생각을 가지는 게 능력이라고까지 했다. 그런데 이제는 바뀌어야 한다. 나를 위한 생각, 내 인생을 위한 생각으로 말이다. 내 인생인데 내 생각이 없으면 내 삶의 주인공은 더 이상 내가 아니다. 그리고 더 이상 식민 교육의 잔재 때문이라고 핑계를 대서도 안 된다. 그런 환경에서 자란 것을 인식했으면 달라져야 한다. 인문고전은 생각하는 법에 길을 제시해준다. '주변인의 삶에서 자기 삶의 주인공으로 사는 생각법' 말이다. 우리가 인문고전을 공부하는 이유이기도 하다.

6

스펙 공부 대신 인문의 바다에 빠져라

"어떤 사람이 하는 대답을 통해 그가 현명한지 아닌지를 알 수 있다.
한편 어떤 사람이 하는 질문을 통해 그가 지혜로운지 아닌지를 알 수 있다."

– 나기브 마푸즈 –

헛공부, 진짜 공부

40대 중반, 나는 인생 2막을 시작했다. 20년간의 군 생활을 마치고 1년간 치열한 고시 공부를 했다. 하루 12시간의 노력으로 군무원 시험에 합격했다. 나에게는 임용 전까지 2개월의 시간이 있었다. 무슨 공부를 할까 생각하다가 영어 공부를 하기로 했다. 그래서 회화 학원에 등록했다. 1달이 지난 후 나는 지금까지와 마찬가지로 별 성과 없이 끝냈다.

영어 공부! 벌써 30년째 똑같은 공부 방법으로 똑같은 실패를 반복하고 있다. 방법이 잘못되었든 노력이 부족했든 간에 달라지지 않았다. 40

대의 중요한 시간 2개월을 성과 없이 허비했다. 나는 무엇이 문제일까? 고민했다. 기존 생각의 습관을 벗어나지 못한 결과였다. 차라리 인문고전 독서를 치열하게 했다면 생각하는 법을 더 빨리 깨우쳤을 것이다.

40대 직장인의 자격증 공부도 마찬가지다. 40대는 무언가 해야 한다는 강박관념이 큰 나이다. 그래서 남이 자격증 공부한다고 하면 나도 해야겠다고 따라 하는 경우가 많다. 이런 현상은 나만의 가치관과 인생의 목적이 없기 때문이다. 있어도 뚜렷하지 않기 때문에 쉽게 휘둘린다. 40대의 공부. 우리는 신중하게 판단해야 한다.

나는 40대에 4년간 정말 고통스런 시련을 겪었다. 시련은 성공으로 가는 과정이다. 그러면서도 내가 시련을 통해 빨리 성장하지 못한 이유가 있었다. 잠재의식의 변화를 뒤늦게 배웠기 때문이다. 인문고전 독서의 중요성을 느끼면서도 자기계발서 위주로 읽었다. 당장에 내가 변할 수 있을 거라고 생각했다. 공인중개사 자격증 공부도 시작했었다. 지금 생각해보면 노후 준비 차원에서 막연하게 한 것이다. 앞뒤 생각 없는 막무가내 식 공부였다. 결국 시간만 낭비하고 성과는 없었다.

나는 이런 실패의 과정을 분석했다. 그리고 40대가 해야 할 공부 방법에 대해 생각하게 되었다. 40대에 가장 우선적으로 해야 하는 공부는 정신을 차리는 공부다. 잠재의식이 바뀌지 않으면 지난 날들이 반복될 뿐이다. 그래서 '나는 누구인가? 어떻게 살 것인가?'를 먼저 생각해야 한다.

그런 후에 인생 로드맵을 다시 만들고 이에 맞는 공부를 해야 한다.

만약 창업을 하겠다고 하면 왜 창업을 해야 하는가?, 나는 창업으로 어떤 선한 영향력을 줄 수 있는가?를 먼저 생각해야 한다. 창업의 목적과 타인을 위해 공헌할 수 있는 마인드를 먼저 장착해야 한다. 여기서 중요한 것은 자신만을 위한 창업이 아니라 더 큰 차원의 생각을 하라는 것이다. 예를 들어 '나는 보다 싸고 맛있는 음식으로 사람들을 행복하게 만들겠다.' 이렇게 생각하는 것이다. 나 혼자 잘 먹고 잘 살겠다는 식의 마음가짐은 실패로 가는 지름길이다. 그런 후에 해당 분야를 공부한다. 몇 년간의 경험도 필요하다. 창업의 이유와 목적의 뼈대를 세우고 경험의 살을 붙이는 것이다. 그래야 성공 가능성이 높아진다.

정신이 바로 서지 않고 로드맵도 없는 상태에서 하는 공부는 헛공부다. 아무런 성장도 할 수 없는 단순 책 읽기에 지나지 않는다. 무엇이라도 해야 한다는 식의 공부가 되면 돈과 시간만 낭비하게 된다. 결국 30년간 공부하고도 써먹지 못하는 영어 공부와 같다.

40대 생존 공부! 먼저 공부의 우선순위를 정하자. 인문고전으로 정신의 토대를 다시 세운다. 지금까지 나의 경험과 인문고전을 통한 간접 경험으로 지혜를 쌓는다. 조금씩 지혜가 쌓이면 세상 보는 눈이 달라진다. 그리고 인문고전으로 완성된 정신의 뼈대 위에 자기계발의 실천력을 붙이면 된다. 이렇게 하면 내가 살고자 하는 인생의 방향대로 갈 수 있다.

40대에 도전해서 성공한 사람들의 공통점을 연구한 책이 있다. 요즘은 내가 직접 힘들게 연구하지 않아도 질문만 던지면 다양한 연구 결과의 답을 볼 수 있다. 유동효 작가의 『40대에 도전해서 성공한 부자들』에는 마흔 이후라서 성공할 수 있었던 부자들의 성공 이유들이 있다.

"그들에게는 나이라는 제약도, 부족한 재정 상태도, 비주류라는 열악한 배경도, 암이라는 질병도 문제가 되지 않았다. 그들은 문제 앞에 핑계대지도, 굴복하지도 않고 오직 자기만의 열정과 뚝심으로 꿈을 이루었다. 당신이 이제까지 걸어온 인생길은 그게 어떤 것이든 소중하지 않은 것이 없다. 실패든 좌절이든 미래의 성공을 위한 밑거름이다."

40대에 도전해서 부자가 된 사람들의 공통점은 정신적 토대가 신념이라는 것이다. 그들은 성공에 대한 믿음과 뚜렷한 가치관이 있었다. 성공에 대한 신념이 실패를 성공으로 가는 과정으로 만들어준 것이다.

그렇다면 이런 신념은 어디에서 나오는 것일까? 어떻게 만들 수 있는 것일까? 결국 한 사람의 인격과 기질이 형성되는 과정을 볼 수 있어야 한다. 성공한 사람을 직접 인터뷰하고 가르침을 받으면 가장 빨리 터득할 수 있을 것이다. 그러나 우리는 현실적으로 이런 방법을 제대로 구현하기가 힘들다. 그래서 책의 힘을 빌리는 것이다. 책 중에서도 수천 년 지혜를 모아 전해지는 인문고전의 힘이 단연 으뜸이라고 할 수 있다.

나는 30년 영어 공부 실패 이후 다시 인문고전의 바다에 나를 빠트렸다. 고전 명작소설을 다시 읽었다. 그리고 다양한 인간 군상들의 삶을 조망하면서 신념을 가지게 되는 경위를 추적했다. 자기 계발서는 성공한 사람들이 어떻게 해서 성공했는지를 핵심적으로 요약해서 알려준다. 그래서 그 사람이 성공하기까지의 신념이 어떻게 형성되었는지 과정을 알기에는 부족하다. 고전문학은 대부분 여러 사람들의 일생을 다룬다. 때문에 신념이 형성되어가는 과정을 제대로 볼 수 있다. 단, 읽을 때 신념에 대한 기준과 프리즘을 항상 염두에 두고 읽어야 한다.

나는 신념에 대해 분석할 수 있는 적절한 책을 선택했다. 바로 서머싯 몸(William Somerset Maugham)의 『달과 6펜스』였다. 40대에 화가가 되겠다며 기존의 모든 것과 단절하고 오직 그림만 그리는 찰스 스트릭랜드의 이야기다. 이 소설은 천재 화가 폴 고갱의 생애에서 모티프를 얻어 쓰인 이야기로 유명하다. 신념이 없다면 도저히 상식적으로 생각할 수 없는 인생 이야기다. 주인공이 그만의 신념에 대해 이야기하는 몇 장면을 소개해보면 다음과 같다.

"17년 동안 아내와 아이들을 부양해왔으니 이제 아내와 역할 바꾸기를 해도 나쁘지 않다며 그는 차갑게 자신을 몰아세운다.

"사랑하면서 예술을 할 만큼 인생은 결코 길지 않아!"

"나는 사랑 같은 거 필요 없어. 그럴 시간이 없다고. 그런 건 약점이고 병이야. 나는 그런 일에 흔들리지 않고 일에만 모든 것을 쏟아 넣겠어."

"나는 그림을 그리고 싶소. 난 그림을 그려야 한단 말이요."

"나는 그림을 그려야 한다지 않소. 그리지 않고서는 못 배기겠단 말이오. 물에 빠진 사람에게 헤엄을 잘 치고, 못 치고가 문제겠소? 우선 헤어 나오는 게 중요하지. 그렇지 않으면 빠져 죽어요."

그의 목소리에는 진실한 열정이 담겨 있었다. 나도 모르게 감명을 받았다. 그의 마음속에서 들끓고 있는 어떤 격렬한 힘이 내게도 전해 오는 것 같았다."

소설 속 찰스 스트릭랜드의 신념은 오직 그림을 그리는 것이다. 그것을 위해 자신의 모든 것을 걸었다. 신념은 이런 열정에서 나온다. 40대에 도전해서 성공한 사람들도 이런 열정이 신념을 만들었다고 생각된다. 이렇게 하는 공부가 살아 있는 인문고전 공부다. 스펙을 키운다고 남들 하는 것 따라 하다가는 평생 자신의 인생을 살 수 없다. 인문고전을 통해 삶을 분석하는 힘을 키우고 생각하는 힘을 키워야 한다. 정신을 바로 세우는 작업이 우선이다. 나는 이런 식으로 인문고전 공부를 했다. 힘들고 지친 당신, 인문의 바다에 빠져서 수천 년 지혜에 나를 듬뿍 적셔라.

7

내가 생각하는 미래는 어떤 모습인가?

"지금의 나와 다른 내가 되고 싶다면, 지금의 나에 대해서 알아야 한다."

− 에릭 호퍼 −

인생의 그림을 잘못 그리면 일어나는 일들

"나는 자서전 제목을 '별을 따는 남자'로 정했습니다."

"별을 따는 남자라 무슨 의미가 있을 거 같은데요?"

"네, 기업에서 임원이 된다는 것은 군대에서 별을 다는 것과 같습니다. 장군이 되는 거와 같다는 거죠. 그래서 별을 따는 남자라고 정했습니다."

"네, 그렇군요. 그래서 별을 따셨나요?"

"그럼요. 저는 ○○제과의 임원을 역임했습니다. 공장장, 본부장을 했습니다."

전국 도서관 연합과 문화관광부에서 공동으로 주관하는 〈길 위의 인문학〉이라는 프로그램이 있었다. 나는 프로그램 중 '자서전 쓰기 과정'을 수강했다. 수업 시간에 제목을 정하고 발표를 했는데 중년의 신사 K씨 발표였다. 그는 대기업 임원 출신이며 꿈을 이루고 살았다고 했다. 지금은 은퇴 후 1년이 지났으며 집에서 쉬는 것도 심심해서 자서전 쓰기에 도전하게 되었다고 했다.

자서전 쓰기 과정의 3개월도 막바지에 이르렀다. 한 권의 자서전을 출간하는 원고를 모두 마무리하며 소감을 발표했다. K씨는 무척 밝은 모습이었다. 그리고 다시 도전하는 삶을 살겠다고 했다. K씨는 대기업 임원으로 퇴직을 해서 돈도 좀 모았다. 서울에 집도 있고 노후 연금도 월 400만 원 정도 나오는 시스템을 구축해놓았다. 노후 준비를 완벽하게 해놓았기 때문에 건강만 신경 쓰면 된다고 했었다. 그런 그가 다시 일을 하게되었다며 신난 표정이었다. 개인적으로 K씨와 차를 마시며 이야기할 기회가 있었다.

"송 사무관님도 은퇴 준비 하고 계시죠?"

"네, 그렇습니다. 은퇴라고 생각하지 않고 평생 할 수 있는 새로운 직업도 같이 준비하고 있어요."

"내가 하고 싶은 말이 그거였어요. 나는 은퇴 후 아내와 여행이나 다니면서 살 거라고 했었어요. 그래서 노후 준비도 당연히 그런 방향으로 설계했습니다. 그런데 퇴직하고 딱 1년을 쉬니까 이건 사는 게 아니에요. 1년 사이 엄청 늙어버렸어요. 그래서 다시 일을 하기로 생각했습니다. 보수는 적어도 상관없어요."

K씨는 자문 역할을 하는 일을 하며 투자도 하게 되었다고 했다. 어쨌든 그의 이야기는 자신이 미래를 잘못 그렸다는 것이다. 은퇴와 노후의 개념을 잘못 생각했고 은퇴 후 일하는 것은 생각지도 못했었다. 그런데 막상 쉬는 게 더 힘들어졌다고 했다. K씨의 주변에는 충격적인 친구가 있다고 했다. 공직에 있다가 은퇴 후 3년 만에 큰 병에 걸려 모아둔 돈 다 까먹고 죽었다고 했다. 인생의 그림을 잘못 그리면 그렇게 될 수도 있다.

나는 뭘 하며 살까?

나는 미래의 내 모습에 대해 생각했다. 그리고 나에게 몇 가지 질문을 던졌다. 지금 하고 있는 일을 언제까지 할 것인가? 정년퇴직까지 갈 것인가? 아니면 중간에 다른 일로 전환할 것인가? 만약 중간에 다른 직업으로 전환한다면 어떤 준비를 해야 할 것인가? 나는 『17일간의 성찰』을 다시 읽으며 내가 좋아하는 일, 잘할 수 있는 일을 생각했다. 나는 어릴 적부터 친구들의 이야기를 들어주고 상담해주는 것을 좋아했다. 친구들이 내가 말해주는 대로 해서 작은 변화라도 있으면 기분이 좋았다.

대학 1학년, 신입생 때 이야기다. S라는 친구가 있었다. 겉으로 보기에도 순진하고 말이 없는 친구였다. 나는 처음에 그가 같은 과 동기인 줄도 몰랐을 정도였다. 어느 날 수업이 끝나고 집으로 가는 버스를 기다리고 있었다. 그 친구가 내게 다가와서 말했다.

"송은섭 맞지. 나 S야. 너랑 같은 과야."
"아, 그래. 미안. 난 또 누구라고. 그래. 여기서 버스 타니?"
"응. 너 20번 버스 타지?"
"그래. 맞아. 너는?"
"어. 나도."

그렇게 우리는 매일 같은 버스를 타고 집으로 갔다. 학교에서도 매일 같이 붙어 다니게 되었다. 미팅이 있어도 같이 나갔고 막걸리를 마셔도 같이 마셨다. S는 점점 성격이 활동적으로 변하기 시작했다. 몇 개월이 지나서 나는 S의 집이 나와 반대편이라는 것을 알았다. S는 나에게 친구가 되어 달라는 말을 하고 싶었는데 그러지 못했단다. 항상 내 주변에는 사람들이 많아서 다가 설 수가 없었다고 했다. 그래서 내가 타는 버스를 같이 타서 30분간 이야기를 나누고 싶었다고 했다. S는 자신이 너무 소심하고 사교성이 없다고 생각했다. 그래서 나와 같이 다니면 자신을 변화시킬 수 있을 거라고 생각했다. S는 3개월 만에 완전히 변신했다.

나는 누군가에게 희망을 주고 도움을 주는 일을 잘한다고 생각했다. 그런 직업을 갖는다면 평생 일하며 보람도 느낄 수 있을 거 같았다. 나는 나의 미래를 구체적으로 그리기 시작했다. 꿈과 희망을 전하는 메신저,

소중한 인생 설계의 컨설팅 전문가. 책을 통해 누군가에게 힘이 되어주는 작가. 내가 생각하는 미래는 선한 영향력을 주는 사람이 되는 것이다. 그래서 나는 어제와 다른 오늘을 살겠다고 다짐했다.

"안녕하세요? 팟캐스트에 관심이 많은데 설명해주실 수 있어요?"

"네, 아드님이나 따님이 관심이 많으신가요?"

"아니요, 제가 관심이 많습니다. 좀 배우려고 하는데 설명을 부탁드려도 될까요?"

40대 후반의 중년 남자가 팟캐스트를 배우겠다며 불쑥 찾아온 것에 적잖이 당황한 모양이었다. 방화마을방송국 박현주 국장과의 인연은 그때부터 시작되었다. 40대의 호기심은 진짜 공부를 위한 출발점이다. 산전, 수전, 공중전까지 겪은 내공으로 무장해서 그런지 부끄러움을 지적 욕망이 덮어버린다. 그래서 용기를 낼 수 있었다. 그날 나는 팟캐스트 제작 과정 전체를 들을 수 있었다. 심지어 3분짜리 녹음까지 하는 영광을 누렸다. 녹음본은 편집을 거쳐 메일로 보내주겠다고 했다. 인터넷상에서 확인하는 방법까지 상세하게 알려주었다.

이후 나는 팟캐스트를 더 연구하고 직접 진행하겠다는 목표를 세웠다. 인터넷에서 관련 영상을 분석하고, 트렌드를 파악했다. 그리고 팟캐스트 관련 각종 서적을 읽어나갔다. 궁금한 것은 메모해두었다가 박현주 국장에게 물어보았다. 그리고 한 달 후 나만의 팟캐스트를 진행하겠다는 '송은섭의 팟캐스트 진행 계획'이 완성되었다. 박현주 국장에게 제출했더니 검토 후 연락을 주겠다고 했다. 다음 날 박현주 국장에게서 전화가 왔다. 발신자를 보고 무척 반가웠다. 어떤 말을 할지 기대하며 전화를 받았다.

"안녕하세요, 국장님."
"네, 선생님. 일단 콘셉트는 괜찮은 것 같아요. 인문고전 명작을 읽어 주고 토론하는 형식으로 팟캐스트를 하시고 싶다는 거죠?"

이렇게 나의 팟캐스트 도전이 시작되었다. 우연과 상상 속의 의지가 만나 현실이 되었다.

내가 생각하는 미래는 어떤 모습인가? 나에게 질문을 던져놓고 종이 위에 적었다. 내가 생각하는 미래의 모습은 선한 영향력을 미치는 메신저로 사는 것이다. 그래서 나에게 팟캐스트는 미래의 내 모습으로 가는 첫 징검다리이다. 스티브 잡스는 인생을 점과 점의 연결로 표현했다. 꿈이 있고 목표가 있으면 그 과정의 모든 것은 점으로 만들어지고 그 점이 이어지면 길이 되는 것이다. 나는 그 첫 점을 팟캐스트로 찍었다. 잠재의식 속에서 상상했던 일들이 현실로 이어지고 있었다. 나는 나의 꿈과 미래를 구체화하기 시작했다. 시각화를 위해 그림으로 그리고 문장으로 남겼다. 내가 생각하는 미래! 이제 내가 만들어간다.

8

어제와는 분명히 다르게 생각하라

"변화가 필요하기 전에 변하라. Change before you have to."

– 잭 웰치 –

내 인생을 바꾸는 질문

"누구냐? 넌?"

"자꾸 틀린 질문만 하니까 맞는 대답이 나올 리가 없잖아. 왜 이우진은 오대수를 가뒀을까가 아니라 왜 풀어줬을까란 말이야."

영화 〈올드보이〉에서 14년 동안 사설 감옥에 갇혀 있던 최민식과 그를 감금했던 유지태가 나누는 대화이다. 여기서 중요한 포인트는 '틀린 질문을 하니까 틀린 답만 찾는다.'라는 것이다. 그래서 질문을 어떻게 하느냐에 따라 인생이 바뀔 수도 있는 것이다.

40대 우리의 현실을 들여다보자. 40대는 사회적으로 허리에서 머리까지, 대부분 이끌어가는 영역에서 활동한다. 그러다 보니 앞서가는 사람과 뒤쳐진 사람의 차이가 극명하게 나타난다. 다시 말해 비교가 가장 심하게 나타나는 시기다. 이때 중요하게 생각해야 할 관점이 있다. 틀린 질문을 하면 틀린 답을 찾듯이 비교도 관점을 잘 찾아야 한다. 내가 성장하기 위한 관점에서 비교를 해야 한다. 주변의 잘나가는 사람과 비교하지 말고 어제의 나와 비교하라는 것이다. 그런데 이렇게 하기 위해서는 명확한 목표가 있어야 한다. 나의 목표가 분명해야 그 목표를 달성하기까지 어제와 오늘의 나를 비교해가며 성장할 수 있다.

목표 설정의 중요성을 설명하는 데 기가 막힌 일화가 있다. 미국의 동기부여 전문가이자 작가인 브라이언 트레이시의 '8억짜리 강연'이다. 나는 8억짜리라는 말에 솔깃해졌다. 도대체 어떤 강연이기에 8억이나 하는가? 그래서 강연 파일을 구해서 보고 또 보았다. 브라이언 트레이시는 '8억짜리 한국 강연'에서 목표에 대해 다음과 같이 설명했다.

"저는 한국 인천 공항에 내려서 여기로 이동했습니다. 여기까지 오는 과정을 여러분에게 말씀드리겠습니다. 먼저 미국 뉴욕 공항에서 비행기를 탔습니다. 비행기가 이륙했을 때 이미 자동 항법 시스템에 인천 국제공항이 목적지로 입력되어 있었습니다. 기장과 부기장의 역할은 12시간 동안 비행하면서 비행기가 항로를 이탈하면 다시 정상 궤도에 올려놓는 일입니다. 구름 속을 통과하면 아래로 뚝 떨어지기도 하지요. 그럼 기장이 다시 고도를 높입니다. 태풍이나 강풍의 영향으로 비행기가 항로 밖으로 나가게 되면 기장이 다시 정상 궤도로 끌어다 놓습니다. 이런 과정을 반복하다 보면 마침내 인천 국제공항이 보이기 시작합니다. 그리고 목적지에 착륙합니다.

그런데 만약 비행기가 이륙하면서 목적지를 입력하지 않는다면 어떻게 될까요? 비행기니까 일단 연료를 채우고 이륙을 합니다. 그리고 기장이 안내 방송을 합니다. '기장입니다. 오늘도 우리 항공기를 이용해주셔서 감사합니다. 우리 비행기는 목적지가 없습니다. 하늘에서 선회하다가 적당히 좋은 곳이 보이면 착륙하겠습니다.' 황당하지 않습니까? 그렇게 목적지도 없이 공중을 선회하다가 연료가 떨어지면 그대로 추락합니다. 우리 인생도 이와 같습니다. 인생의 목표가 없는 사람은 하늘에서 선회하며 연료가 떨어지면 추락하는 비행기와 같습니다. 안타깝게도 대부분의 사람들이 인생의 목표가 없는 그런 삶을 살아갑니다. 지금 여러분의 인생에 목표가 없다면 당장 만드시기 바랍니다."

왜 '8억 짜리 강연'인지 그 가치를 인정하게 만드는 내용이었다. 대부분의 사람들이 인생의 목표가 없는 삶을 살고 있다는 말에서 정말 공감이 갔다. 나 역시도 그런 삶을 살았다. 인생에 분명한 목표도 없이 어떻게든 되겠지 하는 막연한 생각으로 살아왔다. 브라이언 트레이시의 강연은 자신을 성찰하게 만들고 미래를 다시 꿈꾸도록 동기부여를 해준다.

여기까지 읽으면 나의 관점과 인생의 목표에 대해서 생각을 해보게 될 것이다. 지금까지 나의 인생이 성공적이지 못했다고 느끼면 두 가지를 생각해보아야 한다.

먼저 내가 세상을 바라보는 관점은 틀에 박힌 관점인가? 창의적인 관점인가? 두 번째는 나의 인생 목표는 얼마나 구체적이고 명확한가? 이다. 이 두 가지 질문을 5분 이내로 정리된 답변을 할 수 있다면 당신은 성공할 가능성이 매우 높다. 제대로 답변할 수 없다면 성공에 대해 관심이 없거나 잘못된 방향으로 가고 있을 가능성이 크다. 5분 이내 생각이 정리된 답변을 할 수 있다는 건 관심이 많다는 거다. 그리고 구체적인 그림을 그리면서 계속 성장하고 있음을 느낀다는 거다. 이런 사람은 성공할 수밖에 없는 길을 가고 있는 것이다. 어제와 다르게 생각하기 위해 마지막으로 해야 할 것은 생활 속에서 실천하는 것이다. 매일 1개의 새로운 생각하기, 매일 새로운 사람 한 명 만나기이다.

나는 새로운 생각 하나를 만들기 위해 매일 유튜브 동영상 1개를 찍어서 올렸다. 그러면 새로운 구독자가 한두 명씩 늘어난다. 새로운 생각 하나를 만들어서 올리는 수고로움 하나에 새로운 한 사람을 만나게 되는 효과까지 발생하는 것이다. 결국 나는 어제와 다른 생각을 생활 속에서 실천하는 사람이 되었다.

그러나 여기서 중요한 포인트가 하나 있다. 어제와 다르게 생각한다고 해서 나의 꿈을 바꾸거나 가치관을 바꾸라는 건 아니다. 물론 잘못된 꿈이나 가치관을 가지고 있다면 바꾸는 게 정답이다. 하지만 내가 말하는 포인트는 성장의 관점을 유지하라는 것이다. 그렇게 하면 생각도 성장하게 된다. 생각을 바꾸면 인생이 달라진다. 아는 지인 중에 대기업 인사팀에서 근무하다가 갑자기 사직서를 내고 퇴사한 J라는 젊은 친구가 있다. 29살의 나이에 남들이 부러워하는 대기업을 박차고 나왔다. 어느 날 J가 나를 찾아와서 고민이 있다고 했다.

"선배님. 아무래도 회사를 그만 두어야 할 것 같습니다."
"아니 왜? 그 좋은 직장을 왜 그만 둬? 회사에서 무슨 일 있었어?"
"그건 아닙니다만 제가 생각했던 직장 생활이 아니었습니다. 더 중요한 건 제가 꿈을 잃어버리고 살게 되었다는 겁니다. 그래서 오랜 시간 고민을 했습니다."
"그럼 퇴사해서 무얼 하려고?"
"국제 인권 변호사가 되려고 합니다. 제 꿈이었거든요."

나는 그 후배의 생각이 아주 굳고 신념에 차 있다는 것을 느꼈다. 그는 한 번 한다면 무슨 일이 있어도 해내는 성격이다. 1년 후 J로부터 연락이 왔다. 로스쿨 선발 시험에 합격했다고 했다. 나는 축하해주며 반드시 꿈을 이룰 것이라고 격려해주었다.

어제와 다른 생각 중에는 인생의 방향을 바꾸는 것도 있다. 다만 그 꿈은 전혀 없던 것에서 새롭게 나타난 것은 아니다. 잊고 있었던 꿈을 다시 찾은 것이다. 어떻게 보면 후배 J는 어제와 다른 생각을 통해 어릴 적 꿈을 다시 찾은 것이라고 볼 수 있다.

나는 후배 J의 도전을 보며 나의 꿈에 대해 다시 생각했다. 그리고 버킷 리스트 50개를 작성했다. 목표를 완성했을 때 모습을 생각하며 시각화하는 작업을 했다. 먼저 목표 완성 후 모습이 가장 잘 표현된 사진을 모았다. 그리고 그 사진들을 사진 파일로 저장해서 PPT로 옮겼다. 자르기와 붙이기 몇 번의 편집을 거쳐 '나의 보물 지도'를 완성했다. 완성된 보물 지도를 20장 프린트해서 코팅을 했다. 화장실에 한 장, 침대 머리맡에 한 장, 책상 위에 한 장, 차 안에 한 장, 사무실에 두 장……. 내 생활 반경 내에서 가장 눈에 잘 띄는 곳에 보물 지도를 부착했다. 심지어 책갈피로도 만들어서 책을 볼때 마다 시각화로 활용했다.

거울 옆에 붙어 있는 나의 버킷 리스트 50 보물 지도를 보며 두 개의 고사성어가 생각났다. 日新又日新(일신우일신), 日就月將(일취월장). 나는 어제와 다른 생각으로 매일 성장하는 삶을 살고 있다.

헤르만 헤세, 『데미안』,
"공존과 창조적 파괴, 나는 틀을 깨기로 했다."

"새는 알에서 나오려고 투쟁한다. 알은 세계이다. 태어나려는 자는 하나의 세계를 깨뜨려야 한다. 새는 신에게로 날아간다. 신의 이름은 압락사스."

– 싱클레어가 보낸 그림에 대해 데미안이 보낸 답장 중에서

"누군가를 죽이거나 그 어떤 어마어마한 불결한 짓을 저지르고 싶거든, 한 순간 생각하게. 그렇게 자네 속에서 상상의 날개를 펴는 것은 압락사스라는 것을! 자네가 죽이고 싶어 하는 인간은 결코 아무아무개 씨가 아닐세. 그 사람은 분명 하나의 위장에 불과할 뿐이네. 우리가 어떤 사람을 미워한다면, 우리는 그의 모습 속에, 바로 우리들 자신 속에 들어 앉아 있는 그 무엇인가를 보고 미워하는 것이지. 우리들 자신 속에 있지 않은 것, 그건 우리를 자극하지 않아."

– 오르간 연주자 피스토리우스가 싱클레어에게 하는 말 중에서

헤르만 헤세의 『데미안』은 한참 누군가를 원망하는 마음이 분노로 이어질 때 읽었던 소설이다. 분노의 감정이 깊어지면 생활의 질서가 파괴된다. 그렇게 되면 나를 둘러싼 세계는 점점 더 암흑의 터널 속으로 들어

가게 된다. 새가 알에서 나오기 위해 투쟁을 하듯이 나 역시 암흑의 터널을 빠져나오기 위해 발버둥 치고 있었다. 나는 온전히 나 자신을 변화시키지 못하는 상태에서 외부 세계만 변화시키려고 했었다. 그런데 소설 『데미안』을 통해 나를 들여다보게 되었다.

내가 지금 처한 상황을 벗어나기 위해서는 기존에 구축되어 있었던 세계를 깨뜨려야 했다. 그러지 않고서는 새로운 세계로 날아갈 수 없었다. 그러기 위해 우선 분노의 마음을 없애야 했다. 피스토리우스의 말 중에 "자신 속에 있지 않은 것, 그건 우리를 자극하지 않아."라는 말에서 나는 분노를 없애는 방법을 찾았다. 나는 내가 만든 감옥 속에 나를 가두고, 세상 사람들에게 '힘들어 죽겠다.'라며 동정을 구하고 있었던 것이다. 미워하는 마음, 원망하는 마음이 아니라 '그 사람도 그럴 수밖에 없는 사정이 있었겠지.'라고 생각을 바꿨다. 두 세계가 공존하는 이치를 인정했던 것이다. 차츰 나의 분노는 가라앉고 생활의 질서도 바로 서게 되었다.

2장

인문고전보다 더 나은 공부는 없다

왜 지금, 다시 고전인가?

"나는 생각한다. 고로 나는 존재한다."

― 르네 데카르트 ―

무속인의 예언

"행복한 가정은 모두 모습이 비슷하고, 불행한 가정은 모두 제 각각의 불행을 안고 있다."

이 문장은 톨스토이의 『안나 카레리나』라는 소설의 첫 문장이다. 톨스토이는 800쪽이 넘는 이야기를 이 한 줄의 문장으로 정리를 하고 시작한다. 나는 20대에 이 명문장을 보고도 명문장으로 알아보지 못했다. 그런데 마흔 중반에 이 소설을 다시 읽고 명문장임을 단박에 알아보았다. 부부간의 사랑과 가정에도 어떤 원리와 이치가 있음을 깨달은 것이다.

나는 28살에 결혼을 했다. 결혼 전에 통과의례처럼 궁합이 맞는지 점을 보러 갔다. 경상북도 영천 시장 입구에 있는 무속인의 집을 찾아갔다. 따로 용하다는 이야기를 듣고 간 것은 아니다. 근처에 볼일이 있어서 갔다가 대나무와 빨간 깃발을 보고 들어갔다.

"실례합니다. 여기 혹시 궁합이나 사주보는 곳 맞습니까?"
"들어오시오."

나이가 많으신 할머니 무속인은 늦은 아침을 드시는 중이었다. 서둘러 밥상을 옆으로 치우더니 물을 한 사발 마셨다. 나는 별로 신통치 않을 거라는 생각이 들었다. 신을 모신다는 집이 여기저기 정리 정돈도 안 되어 있고 어수선했다.

"그래, 무슨 점을 보려고 하누?"
"아, 네, 제가 결혼을 하려고 하는데요. 궁합을 한번 보려고요."

할머니 무속인은 내 사주와 상대방 사주를 물으셨고 나는 적어간 쪽지를 내밀었다. 그리고 한참 뭔가를 쓰시고, 생각하시고 접신을 시도하는 듯 보였다. 그리고 조금 전까지 와는 다른 목소리로 말씀하셨다.

"안 좋아! 이별 수가 있어. 쇠와 쇠가 만나는 꼴이야. 쇠끼리 부딪히면 소리밖에 더 나겠어? 안 좋아!"

"그래도 저는 그 여자를 사랑하는데요. 그렇게 안 좋은가요?"

"만약 결혼하면 마흔두 살에 이혼하게 되어 있어."

"어떻게 방법이 없을까요?"

"굿을 하면 되지, 굿을 하면 얽혀 있는 살을 풀 수 있어."

"굿하는 데 얼마나 드나요?"

"150만 원."

"네? 그렇게나 많이요?"

"하려면 하고 말려면 마라. 그런데 그 여자랑 결혼하면 이혼하게 되어
있어. 명심해!"

나는 무슨 저주를 듣는 것처럼 기분이 나빴다. 그리고 150만 원이면 당
시 나의 한 달 중위 봉급보다 많았다. 나는 복비를 주고 나왔다. 나오는
내 뒤통수에 대고 그 할머니 무속인은 '쯧쯧' 하며 혀를 차는 소리가 들렸
다. 그날 나는 하루 종일 기분이 좋지 않았다. 그래도 내가 잘 살면 되는
거 아닌가! 괜히 굿하라고 하는 소리일거야. 요즘이 어떤 세상인데 그런
말로 영업을 하시는가? 나는 나를 합리화하며 아무것도 못들은 것처럼
생각하기로 했다.

42살이 되었다. 나는 가정불화를 겪으면서 그 무속인을 떠올렸다. 예
언이 적중한 것인가? 아니면 그 무속인의 말대로 내가 산 것인가? 어쨌

든 42살에 나는 힘든 가정생활을 이어가고 있었다. 당시에 나는 '내가 왜 이렇게 되었는가? 누구의 탓인가?'라고 생각했다. 원망과 분노의 마음으로 아무것도 할 수 없었다.

안나 카레리나, 나를 성찰하는 시간

내가 방황 속에 있을 때 읽은 책이 톨스토이의 『안나 카레리나』였다. 그리고 첫 문장을 읽는 순간 강렬한 깨달음이 왔다. 나는 불행한 가정으로 제각각의 이유를 찾고 있었던 것이다. 그런 나를 보게 되자 참 어리석다는 생각을 했다. 그리고 소설을 읽어나가며 여자의 심리와 남자들의 보편적인 실수에 대해 나의 삶과 비교해보았다. 올바른 가정을 이루어가는 레빈의 고민과 행동들을 체크하기도 했다. '아, 그때 그 일이 있을 때 내가 이렇게 했어야 하는구나!' 점점 더 깨닫게 되는 게 많아졌다. 그래서 나와 비슷한 이야기가 나오면 책 여백에 나를 성찰하는 글을 썼다.

40대 여성들은 TV 드라마를 보며 감정이입을 잘한다. 주인공의 삶이 내 삶과 닮았다며 눈물을 흘리기도 한다. 반면에 40대 남자들은 직장에서 치이고, 가정에서 외면 받기 쉽다. 그래서 눈물을 흘리기도 한다. 사실 누구의 잘못도 아니다. 나는 삶을 전체적으로 조망하는 습관이 부족해서 그렇다고 생각한다.

인문고전은 천재의 생각으로 사람의 일생을 다룬 내용들이다. 그래서 깊이가 있다. 생각할 거리를 제공한다. 독자가 깨닫도록 유도한다. 나는 인문고전의 힘이 이런 것이라고 생각한다.

『안나 카레리나』에서 불륜을 저지르는 '안나'는 왜 불륜을 선택했는지 독자로 하여금 판단하도록 만든다. 남편의 무관심과 사랑에 대한 갈망 사이에서 방황하는 한 여자의 심리를 잘 보여준다. 심지어 그녀의 어린 시절 이야기도 해주면서 독자가 생각하도록 만든다. 결국 한 사람의 인생을 보여주면서 세상의 이치를 깨닫도록 해주는 것이다.

영화『매트릭스』의 남자 주인공 키아누 리브스(Keanu Charles Reeves)가 길거리에서 노숙을 하며 생활하는 모습이 전해졌다. 수염을 덥수룩하게 기르고 씻지 못해서 초췌한 몰골은 그가 영화배우였는지 의심할 정도였다. 사람들의 관심은 그가 왜 노숙자 생활을 하는가로 쏠렸다.

그는 몇 년 사이 3명의 여자와 사별했다. 첫 번째는 여자 친구가 임신한 아기가 8개월 즈음에 사산되었다. 뱃속의 딸 이름까지 지어놓았던 키아누 리브스의 충격은 너무나 컸다. 그 일로 인해 여자 친구와 헤어졌다. 이후 전 여자 친구는 우울증에 걸려 마약과 약물 중독으로 방황하다가 교통사고로 사망했다. 두번 째 여자와 사별인 것이다. 세 번째 여자는 그가 돌보던 여동생이 암으로 사망했다.

키아누 리브스는 3살 때 부모가 이혼했다. 그는 어머니에게서 자랐는데 어머니가 3번의 이혼을 하는 바람에 3명의 계부에게 아버지라 불러야 했다. 불운한 어린 시절로 인해 따뜻한 가정을 가지고 싶었던 그의 소망은 산산조각이 났다. 그래서 그는 자신의 재산을 기부하고 노숙자 생활을 하게 되었다. 그는 영화를 찍는 시간을 제외하고는 길거리에서 노숙자 생활을 했다. 시련을 극복하기 위해 스스로 선택한 삶이었다. 그는 한 인터뷰에서 "사랑하는 사람들을 떠나보낸 후 나 혼자 편안한 집에서 살 수가 없었다."라고 말했다고 한다. 이처럼 사람의 인생을 들여다보면 왜 그렇게 살게 되었는지 이해를 하게 된다. 그리고 그런 이해는 간접 경험으로 내가 성장할 수 있도록 돕는다.

40대는 직장, 가정, 친구 등 많은 관계 속에서 나 자신을 제대로 찾아야 하는 시기다. 시련과 고통 속에서 쉽게 좌절하기도 한다. 이럴 때 사람을 향한 인문고전으로 무장한다면 우리는 좀 더 지혜롭게 살 수 있다. 멀쩡한 사람도 키아누 리브스의 상황에 자신을 대입하면 아마 미치지 않고는 견디기 힘들 것이다. 삶의 상처를 치유하는 가장 좋은 방법은 더 큰 아픔을 이야기하는 것이다. 그래서 내 상처는 아무것도 아니네 하고 느끼게 만드는 것이다. 인문고전 속의 이야기는 천재들이 써놓은 사람에 관한 이야기다. 한 사람의 일생을 바라보며 나를 성찰할 수 있는 시간이 된다. 마흔에 고전을 읽어야 하는 이유가 바로 여기에 있다.

시카고 플랜과 그레이트 북스 프로그램의 기적

> "책 읽는 습관을 기르는 것은 인생의 모든 불행으로부터
> 스스로를 지킬 피난처를 만드는 것이다."
>
> — 윌리엄 서머셋 모옴 —

PC방 아르바이트생의 꿈

"많이 힘들어 보이네요. 힘들수록 꿈을 가져야 합니다. 인생의 목표도 설정하시고요."

"먹고 살기 바빠 죽겠는데 꿈꿀 시간이 어디 있습니까?"

"그래도 작은 목표라도 세워 보면 분명히 인생이 달라질 겁니다. 당장 1년 안에 달성할 목표 한 가지라도 정해보세요."

"그럼 정해보죠. 1년 후 월세라도 제대로 낼 수 있게 벌자."

"잘 하셨습니다. 일단 그렇게라도 목표를 정했으니까 1년 후에 달성되어 있을 겁니다."

PC방에서 아르바이트로 근근이 생활을 해나가는 26살 청년의 이야기다. 꿈도 없고 목표도 없다고 했다. 사는 게 아무런 의미도 없고 의욕도 없다고 했다. 먹고는 살아야 하니까 아르바이트를 전전한 지 벌써 3년째라고 했다. 나는 희망을 심어주고 싶어서 한 권의 책을 추천해주었다. 그러나 그 청년은 책 읽을 시간이 없다고 했다. 책 읽을 시간이 있으면 아르바이트 하나라도 더 해서 밀린 월세라도 내는 게 낫다고 했다.

이 청년이 독서도 하지 않고 꿈도 없이 아르바이트로만 성공할 수 있을 확률은? 나는 0%라고 생각한다. 독서는 나중에 한다고 치더라도 가장 우려되는 것이 의식이다. 잠재의식 속에 '나는 가난한 사람이다.'라고 각인시켜놓으면 죽었다 깨어나도 성공할 수 없다. 이미 나는 잠재의식 속에 가난하게 살 수밖에 없는 사람으로 프로그래밍 되어 있기 때문이다.

생각은 행동을 낳는다. 내가 패배자의 생각을 하고 있으면 행동 역시 패배자의 행동으로 표현되는 것이다. 그래서 자신을 변화시키기 위해서는 생각이 바뀌어야 한다. 생각은 생각하는 방법을 배워야 바뀔 수 있다. 결국 더 잘 생각하는 방법을 배워야 한다.

나는 생각하는 방법을 연구하면서 다양한 사례를 접하게 되었다. 그중에서도 대학에서 인문고전 교육으로 성공한 사례는 우리나라 대학 교육의 문제점까지 생각하게 만들었다. 대학만 가면 모든 것이 해결될 것처럼 고등학교 시절을 보내는 나라가 우리나라다. 그런데 막상 대학에 가면 취업을 위한 스펙 쌓기에 돌입한다. 4년 내내 취업 준비를 하거나 공무원 시험 준비를 한다. 인문고전 공부로 정신을 세우고 창의성을 키우는 공부와는 거리가 멀다. 미국의 경우 인문고전 독서로 일대 혁신을 이룬 대학의 사례가 많다. 그 중에서 몇 가지 사례를 소개한다.

시카고 플랜과 그레이트 북스 프로그램

시카고 대학은 1890년에 개교한 이래 1929년까지는 별 볼일 없는 삼류 대학이었다. 미국의 대부호였던 존 데이비슨 록펠러가 세운 대학인데 삼류 대학에서 성장을 하지 못하고 있었다. 그런데 1929년 로버트 허친스가 시카고 대학의 총장으로 취임하면서 변화가 시작되었다. 로버트 허친스 총장은 학생들이 세계의 위대한 고전 100권을 완벽하게 읽지 않으면 졸업을 시키지 않겠다고 선언했다. 그리고 4년 교육 과정 내내 인문고전을 읽도록 하기 위해 '시카고 플랜'을 만들었다. '시카고 플랜'에 따라 인문고전 100권을 완벽하게 읽고 토론하며 생각하는 법을 키운 학생들은 완전히 달라졌다.

그들은 졸업 후 각계각층에서 두각을 나타내기 시작했다. 노벨상 수상자도 하나둘씩 나타나기 시작했다. '시카고 플랜'을 시작한 1929년부터 2000년까지 노벨상 수상자는 무려 68명이나 되었다. 삼류 대학에서 일류 대학으로 만들어지기까지 로버트 허친스 총장의 인문고전 독서 프로젝트가 결정적인 기여를 한 것이다.

다음은 〈한경BUSINESS〉에 실린 "[경영 전략 트렌드] 고전 100권 읽기 고집하는 미국 대학들"이라는 기사에서 일부를 발췌한 내용이다.

"미국의 3대 대통령으로 고등교육에 관심이 지대했던 토머스 제퍼슨은 1785년 '그레이트 북스 리스트'를 만들어 주위 사람들에게 배포했다.

하버드대 총장이었던 찰스 엘리엇은 1909년 세계 문학 고전들을 선정해 발표했는데 이를 '하버드 고전(Harvard Classics)'이라고 했다. 그 후 사람에 따라 선정된 책의 개수는 달라졌지만 100~150권인 경우가 많았다.

미국에서 시작된 '그레이트 북스'는 서양 문화의 기초에 해당되는 책으로 구성돼 있다. 시카고 대학의 애들러 교수는 세 가지 기준에서 책을 선정했다고 밝히고 있다. 현대적으로 여전히 의미가 있는 책, 여러 번 읽어도 가치가 있는 책, 지난 25세기 동안 사람들의 생각에 많은 영향을 미친 책 등이다.

미국의 세인트존스 칼리지는 1937년 당시에 재정적으로 큰 문제에 봉착해 있었는데 위기를 타개하기 위해 '그레이트 북스' 프로그램을 전격 도입하기로 한다. 다른 대학과 차별화하는 방안으로 서양 고전 100권을 가지고 교과 과정을 혁신적으로 바꾸기로 한 것이다. 이 대학에서는 100권의 책이 주 교재이고 튜터(tutor)의 주재 하에 학생 15~20명이 토론하며 교육을 받는다. 세인트존스 칼리지는 2013~2014년 학기에 107권의 책을 가지고 프로그램을 운영했다."

기사를 읽는 동안 우리나라 대학은 뭘 하고 있나 하는 생각이 들었다. 왜 한국에는 '그레이트 북스' 같은 프로그램으로 성공한 대학의 사례가 없는가?

나는 군 생활의 마지막 2년을 연세대학교 학군단에서 보냈다. 처음에 학생들과 소통하면서 놀란 점이 있었다. 대학 생활의 대부분을 스펙 쌓기에 열중하고 있더라는 것이다. 공부의 목표를 취업에 두고 있었다. 토익 공부, 어학연수, 공모전 참가, 자격증 취득, 대기업 입사시험 공부, 학점 유지를 위한 시험공부, 논문 작성, 거기에다 ROTC 사관후보생들은 군사학까지 해야 했다. 이러니 언제 인문고전을 읽을 수 있겠는가? 읽는다고 하더라도 토론을 통해 더 심화된 공부는 아예 할 수도 없는 여건이었다.

대학도 취업 공부를 부추기는 건 마찬가지다. 신입생 모집 안내부터 '취업률 몇 위 대학'이라는 문구가 눈에 띈다. 우리 대학은 인문고전 '그레이트 북스' 프로그램을 진행하는 대학이라고 홍보하는 대학은 하나도 없다. 우리 사회가 취업 위주 교육을 만들어가고 있는 것이다.

도서관의 기적

PC방 아르바이트 청년이 밀린 월세 걱정을 하며 꿈을 꾸지 못하는 사회가 되면 안 된다. 누구든지 손 내밀면 닿을 수 있는 곳에 우리만의 '그레이트 북스' 프로그램이 있어야 한다.

사회 지도층만 향유하는 인문고전 공부가 아니라 힘들고 어렵게 사는 계층에게도 국가 차원의 지원이 필요하다.

내가 다니는 '우장산숲속도서관'은 청소년부터 성인에 이르기까지 다양한 인문고전 프로그램을 운용하고 있다. 이러한 독서 프로그램은 도서관장의 관심에 따라 다양하게 진행할 수 있다. 1년 전부터는 '독서 토론 동아리'도 만들었다. 40~50대 주부들 위주로 참여하고 있는데 토론의 수준이 상당히 높다. 1년간 치열한 독서 토론의 경험을 살려 이제는 중학생들에게 독서 토론 지도까지 하고 있다. 학생들은 책을 읽고 와서 그룹별로 나누어 토론 논제에 따라 자기 생각을 발표한다. 다른 학생들의 이야기를 듣다 보면 내가 생각하지 못한 부분까지 덤으로 배울 수 있다. 그리고 발표력과 청취력도 향상된다. 가장 중요한 것은 생각하고 비평하는 능력과 토론하는 문화에 익숙해진다는 것이다.

마을 도서관에서 학부모는 인문고전 독서 토론으로 지혜를 쌓아간다. 학생들은 어머니들의 지도로 토론 문화를 배워 익힌다. 얼마나 아름답고 희망적인 모습인가? 그 속에서 성장하는 아이들의 미래는 밝다. 이 아이들이 대학을 가면 다시 취업 공부에 매진할지라도 중·고등학교 때 만큼은 인문고전의 바다에 빠져보기를 권한다. 그래서 대학을 선택하는 기준이 성적이 아니라 내 적성이 되고 내 꿈이 되기를 바란다. 대학에 가서는 중·고등학교 때 만들어 놓은 인문고전의 지도위에 꿈의 지도를 추가하면 된다. 이 작은 실천으로 미국의 '그레이트 북스프로그램'의 기적이 한국에서도 일어날 것을 기대해본다.

톨스토이, 『안나 카레니나』,
"가정과 남자의 역할, 진실한 사랑을 깨닫다."

"행복한 가정은 모두 비슷하고, 불행한 가정은 모두 제 각각의 불행을 안고 있다."

– 이 소설 첫 시작 문장이다. 너무나 유명한 문장이다.

"사랑의 속성인 집착과 소유욕, 질투심에 자신을 잃은 안나는 브론스키에게 끊임없이 사랑을 요구한다. 안나의 영혼은 위태롭다. 그렇게 안나가 사랑의 독점욕으로 괴로워할 때 브론스키의 욕망은 그녀에 대한 사랑에서 사회적인 출세로 옮겨간다. 안나는 절망감에 기차에 몸을 던진다. '그 사람을 벌주고 나 자신으로부터 벗어날 수 있어.'라며."

– 안나가 달려오는 기차에 몸을 던져 자살하는 이유와 배경을 설명하는 문장

"난 여전히 마부 이반에게 화를 내겠지. 여전히 논쟁을 벌이고, 여전히 내 생각을 부적절하게 표현할 거야. 나의 지성소와 다른 사람들 사이에는, 심지어 아내와의 사이에도 여전히 벽이 존재할 거야. 난 여전히 나의 두려움 때문에 아내를 비난하고 그것을 후회하겠지. 나의 이성으로는 내가 왜 기도를 하는지 깨닫지 못할 테고, 그러면서도 난 여전히 기도를 할 거야, 삶의 매 순간

은 이전처럼 무의미하지 않을 뿐 아니라 선의 명백한 의미를 지니고 있어. 나에게는 그것을 삶의 매 순간 속에 불어넣을 힘이 있어."

– 이 소설 마지막 문장이다. 톨스토이의 분신이라고 할 수 있는 레빈의 독백이다.

톨스토이의 『안나 카레니나』는 가정과 사랑에 대한 나의 생각을 정리해준 소설이다.

한 여자를 사랑해서 결혼을 하고 가정을 꾸린다는 것은 배려와 인내심, 그리고 지혜가 필요함을 깨달았다. 소설 속 안나의 남편과 브론스키는 나를 보는 듯했다. 사랑에 모든 것을 바쳤다가 출세를 위해 가정을 희생시키는 남편. 나는 출세만 하면 모든 것을 보상할 수 있다고 생각했다. 하지만 현실은 그렇지 않았다. 가족은 가장의 잘못된 생각 아래 행복의 기회를 놓치며 살았고, 불행한 가정은 출세도 멀어지게 했다. 결국 그것을 깨달았을 때는 이미 처참하게 부서진 잔해 위에 서 있는 나를 보게 되었다. 소설 마지막 레빈의 독백은 내가 어떤 계기로 생각을 바꾸더라도 일상의 일들은 한꺼번에 바뀌지 않음을 깨닫게 했다. 의미 있는 삶을 살아가는 힘은 행복한 가정에 있음을, 그리고 그 가정을 만들어가는 중심에 내가 서 있음을 알게 되었다.

3

시공을 뛰어넘는 인문고전 천재들과 만나라

"좋은 책을 읽는 것은 과거 몇 세기의 가장 훌륭한 사람들과
이야기를 나누는 것과 같다."

– 르네 데카르트

나는 니체를 만났다

나는 소령에서 중령 진급 심사에 연거푸 누락되었다. 첫 번째 누락되
었을 때는 충격이 컸다. 지금껏 모든 계량화된 점수에서 선두를 놓쳐본
적이 없었기 때문이다. '무언가 잘못 되었을 거야. 아니 지금 내가 꿈을
꾸고 있는 거야. 이건 사실이 아니야. 누군가의 실수로 내 이름이 빠져
있는 거야.' 등등 수도 없이 현실을 부정하고 그 상황을 인정하지 않았다.
1달이 지나서야 '그래 1년 늦게 간다고 나쁠 건 없어. 내년에 진급하면 되
지.' 라고 나의 자존심과 타협을 보았다.

그러나 그다음 해에도 진급자 명단에 내 이름은 없었다. 심한 좌절감에 빠져들었다. 어디서부터 잘못되었는지 판단이 서지도 않았다. 이렇게 된 원인이 모두 가정 파탄에서부터 시작되었다고 생각했다. 남 탓을 먼저 하는 옹졸한 인간으로 점점 변해갔다.

그 다음다음 해에도 내 이름은 진급자 명단에 없었다. 내가 버틸 수 있었던 것은 비록 가정은 파탄 나고 빚더미에 쌓여 있지만 진급만 하면 모든 게 보상된다는 희망 때문이었다. 이제 그 희망이 없어져버렸다. 4차, 5차까지 진급을 바라보는 동기생들도 있었지만 나는 3차에서 접기로 했다. 진급하려고 아등바등 노력하는 후배 기수들에게 짐으로 남고 싶지는 않았다. 그리고 군 생활을 마무리할 수 있는 직책으로 보직을 옮겼다.

당시 나의 자존감은 바닥이었다. 삶의 목표와 의미도 없었다. 나 자신을 믿지 못하고 스스로 형편없는 인간으로 생각했다. 모든 것을 포기한 사람은 그저 흘러가는 구름만 봐도 눈물이 난다. 차가운 바람이 볼에 스치면 겨울인가? 생각하고, 긴 팔이 덥게 느껴지면 여름인가? 생각한다. 아무것도 원하는 것이 없다고 믿는 거짓의 상태에 나를 넣어두고 무너져버렸다. 그런 내가 다시 나를 찾아가는 여행을 하게 만든 철학자가 있었다. 바로 니체였다.

나는 서점에 들러 나를 위로하고 희망을 가질 수 있는 책을 찾았다. 그 많은 책들 중에 사이토 다카시의 『곁에 두고 읽는 니체』라는 책을 보게 되었다. 제목은 좀 어려운 철학서 정도로 생각했는데 목차를 보고 읽어보면 좋겠다는 생각을 했다. 그래서 구매하고 집으로 가는 길에 잠시 공원 벤치에 앉아 책을 폈다. 관심 있는 부분부터 한두 개 읽었다. 그런데 나는 점점 책 속으로 빨려 들어갔다. 그렇게 나는 공원 벤치에서 날이 어두워지도록 책을 읽었다. 중간중간 나의 삶을 이야기하는 듯 한 부분을 만나면 눈물이 고이기도 했다. 또 어떤 부분은 무릎을 치며 '그래, 이거야.'라며 생각에 자극을 주기도 했다. 이 책은 나를 돌아보고 책 속에 나를 대입시켜 가며 읽을 수 있는 책이다. 나는 잠시 눈을 감고 내가 살아온 삶을 생각해보았다. '나는 20대부터 꿈을 품고 달려왔다. 마흔에 이르러 3번에 걸친 진급 누락이라는 실패의 쓰라림을 반복해서 맛보았다. 그리고 지금 나는 의욕을 상실한 채로 두 손 두 발 다 들고 실패 앞에서 항복해버렸다.' 이렇게 생각하자 나는 성장을 멈춘 나 자신이 보였다. 니체의 다음과 같은 말이 나를 다시 깨우기 시작했다.

"누구나 자기 미래의 꿈에 계속 또 다른 꿈을 더해 나가는 적극적인 삶을 살아야 한다. 현재의 작은 성취에 만족하거나 소소한 난관에 봉착할 때마다 다음에 이어질지 모를 장벽을 걱정하며 미래를 향한 발걸음을 멈춰서는 안 된다."

나는 니체의 이 말에 내가 성장하기를 의도적으로 멈추고 있다고 생각했다. 인생 전체를 생각하면 진급 누락 3번은 작은 실패의 연속에 불과한데 나는 내 인생을 포기하고 있었던 것이다. 갑자기 깨달음이 느껴졌다.

내 인생을 책임지는 사람은 나인데 너무 무책임하게 인생을 버려두고 있는 것 같았다. 통렬한 반성의 눈물이 핑 돌았다. 나는 계속 책을 읽으며 힘을 얻는 문장을 또 만났다.

"자기 자신을 하찮은 사람으로 깎아 내리지 마라. 그런 태도는 자신의 행동과 사고를 꽁꽁 옭아매게 한다. 무슨 일을 하더라도 자기 자신을 사랑하는 것으로부터 시작하라. 지금까지 살면서 아직 아무것도 이루지 못했을지라도 자신을 항상 존귀한 인간으로 사랑하고 존경하라는 것이다. 자기 자신을 사랑하면 결코 악행을 저지르지 않고 누구로부터 지탄받을 일도 저지르지 않는다. 그런 태도가 미래를 꿈꾸는 데 있어 가장 강력한 힘으로 작용한다는 사실을 절대로 잊지 마라."

나는 현재의 난관을 돌파하는 힘이 마음 저 아래로부터 서서히 올라오고 있음을 느꼈다. 한 권의 책이 생각을 바꾸게 하고 다시 살아갈 수 있는 힘을 준 것이다. 그것도 170년 전의 독일 철학자가 현재의 나에게 깨달음을 전해주고 있는 것이다.

다산 정약용을 만났다

나는 니체를 통해 다시 살아갈 힘을 얻었다. 하지만 여전히 평정심을 유지하고 마음을 다스리는 일에는 미숙함을 느꼈다. 그래서 이번에는 동양 고전을 읽어보기로 했다. 삶은 참 신기하다는 생각이 든다. 무언가 하려고 생각을 하면 그게 잘 보인다는 것이다. 내가 관심 두지 않으면 있는 듯 없는 듯 배경으로만 보인다. 그런데 내가 관심을 두는 순간 그것들이 주인공이 되어 내 눈앞에 나타나는 것이다. 나는 마음을 다스리는 법에 대해 생각을 했다. 그랬더니 정민의『다산 선생 지식 경영법』과 조윤제의『다산의 마지막 공부! 마음을 지켜 낸다는 것』이라는 책이 눈에 들어왔다.

『다산 선생 지식 경영법』은 정약용의 공부법과 정보 판단, 지식의 편집법에 대해 소개하는 책이다. 그런데 나는 이 책에서 다른 생각을 하게 되었다. 조선 최고의 학자이자 정조의 총애를 받던 정약용이 하루아침에 역적이 되어 유배를 간다. 그리고 유배지에서 귀양살이를 하며 500권이 넘는 저술을 한다. 그는 요즘 말로 멘탈 갑인 사람이다. 세상을 원망하고 남을 탓하며 분노와 울분으로 살 것 같은 상황인데도 그는 달랐다. 그래서 역사에 영원히 지워지지 않는 업적을 남긴 것이다. 다산은 어떻게 마음을 다스렸기에 이런 업적을 남길 수 있었을까? 나는 상상을 해보았다. 귀양살이를 지내는 다산의 모습, 마음 속 울분을 독서와 책을 쓰는 일과 후학을 양성하는 일로 대신하는 삶, 매 순간의 울분을 새로운 목표로 대체해서 온 힘을 다해 정진하는 모습이 그려졌다.

『다산의 마지막 공부』에서는 마음 다스리는 법이 좀 더 구체적으로 나온다. 다산은 생의 마지막 공부를 마음을 지켜내는 공부로 정한다. 그리고 이렇게 말한다.

"나의 생은 헛돈 게 아닌가 하니, 삶이 다하는 순간까지 스스로에게 그 빚을 갚고자 한다. 지금부터 마지막 순간까지 마음을 다스리는 데 온 힘을 다함으로써, 그간의 공부를 『심경』으로 매듭짓고자 한다. 아, 능히 실천할 수 있을까!"

나는 다산 정약용의 입장으로 빙의를 했다. 임금의 총애를 받는 지위에서 역적으로 몰려 가문이 몰락했다. 자살을 했어도 몇 번은 했을 충격이다. 그리고 귀양살이를 18년 동안 했다. 그런 악조건 속에서도 역사에 남을 업적을 이루어냈다. 나는 다시 나 자신으로 돌아와서 생각했다. 나의 시련과 고통은 정약용의 시련에 비하면 정말 먼지보다도 작은 것이었다. 갑자기 나 자신이 부끄럽게 느껴졌다. 200년 전의 다산 정약용 선생이 아무것도 아닌 것으로 힘들어하는 나에게 오셔서 말씀하셨다. '마음을 다스리는 데 온힘을 다하라, 그리고 성장을 멈추지 말거라.'

나는 170년 전 니체와 200년 전 정약용을 책 속에서 만났다. 그들은 시대의 천재였다. 나의 고민은 동시대를 사는 사람들이 해결해주지 못했다. 수백 년 전 천재들이 해결해주었다. 책을 읽지 않았다면 이런 생각을 하지 못했을 것이다. 그리고 점점 나약해지는 내 모습을 한탄하며 끝없이 방황하고 절망하는 삶을 살았을 것이다. 시대의 천재들은 언제나 그 자리에 있다. 그리고 우리가 손 내밀면 언제든지 그들의 생각을 우리에게 심어준다. 우리가 생각만 하면 그들과 대화도 가능하다. 깨달음을 얻을 수 있는 것이다. 이것이 고전의 힘이다. 시공을 뛰어 넘는 인문고전 천재들과 만나야 하는 이유가 여기에 있다.

4

인문고전 독서로 자기 생각을 가진 사람이 되라

"어떤 생각에 동의하지 않고도 그 생각을 해볼 수 있는 것이
교육받은 사람의 특징이다."

― 아리스토텔레스 ―

아무거나 vs 나만의 생각

점심시간, 삼삼오오 직장인들이 식당으로 들어간다.

"주문하시겠어요?"
"아무거나 주세요."

자기가 먹고 싶은 것이 있는데도 선택을 하지 못하는 결정 장애가 습관이 된 사람들이다. 나도 이런 유형의 사람 중 한 명이었다. 메뉴판을 보면서도 쉽게 선택하지 못했다. 그리고 '아무거나'를 말하거나 동료가

주문하는 메뉴를 '같은 걸로 주세요.'라고 말하는 게 습관이었다. 분명히 나는 먹고 싶은 게 있다. 그런데 왜 생각이 없는 사람처럼 행동하게 될까?

　나는 그 답을 찾아보기로 했다. 그리고 그 질문을 노트에 적었다. '나는 왜 아무거나를 달라고 주문하는가?', '나는 나만의 생각이 없는 사람인가?' 노트 위에 적어놓으니까 질문하는 대로 답을 찾아가게 되었다. 나는 먼저 식당에서 아무거나를 말하는 내 심리를 들여다보았다. 중국요리 식당에 갔을 때는 자장면과 짬뽕이 항상 고민하게 만드는 메뉴다. 나는 둘 중에 하나 선택을 잘 못한다. 그래서 짬자면을 주문하거나 남들이 주문하는 것을 보고 따라 한다.

　내가 선택을 잘하려면 어떻게 해야 할까? 가만히 생각해보니 답은 간단했다. 식당에 들어가기 전부터 '뭐가 먹고 싶은가?'를 먼저 생각하는 것이다. '어제 술을 마셨으니까 오늘은 짬뽕으로 속을 풀어야겠다.'라든가 아니면 '오늘은 자장면의 맛을 제대로 즐겨 보자. 자장면 위에 고춧가루를 살짝 뿌려서 약간 매콤한 맛으로 먹어보는 거야.' 이런 생각을 먼저 하고 식당으로 들어간다. 주문을 받으러 오면 나는 망설이지 않고 원하는 메뉴를 말한다.

　신기하게도 선택 장애가 없어졌다. 일반 한식 전문점에서도 마찬가지다. 메뉴판을 보고 지금 내 몸은 어떤 음식을 원하고 있는가를 질문한다.

그러면 고기로 갈지, 채소로 갈지 바로 정할 수 있다. 먹는 것 하나 고르는 데도 나만의 생각이 필요한 것이다. 그런 생각이 없으면 남들 먹는 것 따라 먹거나 주는 대로 먹게 된다.

우리가 살아가는 인생도 마찬가지다. 나만의 생각이 있어야 한다. 그런데 나만의 생각을 가진다는 게 습관이 되어 있지 않으면 만들기가 어렵다. 그래서 나는 생각하는 습관을 가지기로 마음먹었다. 역시 노트 위에 질문을 적었다. '매일 나만의 생각을 할 수 있는 방법은 없는가?' 잠시 후 나는 질문을 수정했다. '매일 나만의 생각을 할 수 있는 방법이 있다면?' 여기서 질문의 차이는 부정적인 의미의 단어를 사용했느냐 긍정적인 의미의 단어를 사용했느냐이다. 그래서 '없는가?' 보다는 '있다면?' 으로 수정한 것이다.

역시 종이 위에 써놓고 보면 답을 찾는 길을 보게 된다. 책장에 꽂혀 있던 책 중에 김태광 작가의 『김태광, 나만의 생각』이라는 책이 눈에 들어왔다. 사두고는 아직 읽지 않아서 책장에 자리를 잡고 있던 책이었다. 책 표지에 '주변인의 삶에서 자기 삶의 주인공으로 사는 생각법'이라고 적혀 있었다. 책을 읽어가는데 책의 구성이 참 마음에 들었다. 역사적으로 유명한 인사의 스토리를 읽게 한다. 그리고 작가의 생각을 말한다. 그 다음 작가는 질문을 던져 놓고 나의 생각을 물어본다. 그리고 책 여백을 할애해서 바로 적을 수 있도록 만든다.

나는 이 책으로 매일 생각하는 연습을 했다. 하루에 한 스토리만 읽고 작가의 생각과 나만의 생각을 공유하는 시간을 가졌다. 10분이면 충분했다. 매일 반복하는 생각 연습이 정말 많은 도움이 되었다. 직장 생활을 하면서도 어떤 상황에 부딪히면 바로 나만의 생각을 하게 되었다. 그냥 습관적으로 대응하는 방식에서 한 번 더 생각하는 대응 방식으로 바뀌었다. 당연히 그만큼 실수를 줄이게 되고 더 좋은 방법으로 문제를 해결하게 되었다.

나는 기록으로만 정리하고 다음 스토리로 넘어가던 방식에 조금 변화를 주었다. 핸드폰 동영상으로 촬영해서 유튜브에 올리는 것으로 발전시켰다. 〈나만의 생각〉이라는 제목으로 유튜브에 올리자 구독자들이 긍정적인 반응을 보이기 시작했다. 유튜브 '행복한 부자 송쌤'으로 검색하면 나만의 생각 시리즈를 볼 수 있다.

자기 생각을 가진다는 것은 내 삶을 내가 주인으로 산다는 것과 같다. 나는 점점 내 삶의 주인공이 되어가고 있음을 느끼게 되었다.

신념의 리더는 판단 기준이 다르다

아프가니스탄 파병 시절 이야기가 생각난다. 하루는 한국군이 독립적으로 운용하는 '차리카기지'에 헬기 한 대가 착륙했다. 나는 지휘 통제실에서 상황 장교에게 사전에 통보된 헬기 착륙 허가가 있었는지 확인했다. 헬기장을 비추는 CCTV에는 이미 헬기 한 대가 착륙을 한 상태였다.

작전과장인 내가 모르는 헬기 이착륙이 있을 수는 없었다. 상황 장교는 여기저기 확인을 하고는 계획된 헬기 착륙이 아니라고 했다. 나는 긴급한 상황으로 단장에게 보고했다. 단장 역시 헬기 착륙 소리를 듣고는 지휘 통제실로 들어왔다. CCTV를 확대해보니 아프가니스탄 정부군 헬기였다. 일단 아군이어서 안심은 했다. 그리고 바로 이어 정문 위병소에서 상황 보고가 이어졌다. 아프가니스탄 경찰 차량 3대가 우리 기지를 출입하겠다며 정문을 개방해 달라고 한다는 것이다.

나는 정문 상황부터 정리했다. 헬기 착륙과 연관이 있다고 생각했기 때문이다. 위병조장에게 우리기지 출입 목적이 무엇인지 확인하라고 지시했다. 막무가내로 출입을 요청하던 그들은 한국군이 고분고분하지 않고 정상적인 절차를 요구하자 태도가 달라졌다.

아프가니스탄 동부 지역 경찰 사령관이 헬기를 타고 우리 기지에 착륙했고, 자기들은 사령관을 호위하기 위해 온 경찰이라고 했다. 나는 잠시 대기하라고 지시한 후 단장에게 현 상황을 보고했다. 헬기에서 내린 아프가니스탄 동부 지역 경찰 사령관은 핸드폰으로 어디론가 전화를 하며 화를 내는 모습이 CCTV화면에 보였다. 단장은 일단 정보과장과 통역병을 헬기장으로 보내 신분을 확인하라고 지시했다. 나는 신분이 확인되면 일단 지휘 통제실로 안내를 하는 게 좋지 않겠냐고 말했다. 내 조언에 단장은 펄쩍 뛰면서 절대 그렇게 하면 안 된다고 했다. 이유는 아무런 사전

통보도 없이 한국군 기지에 무단 착륙한 사실만으로도 그는 대우를 받을 수 없는 지휘관이라고 말했다. 그리고 한국군을 미군보다 우습게 보는 버르장머리를 고쳐주겠다고 했다.

잠시 후 정보과장이 들어왔다. 신분 확인 결과 그는 아프가니스탄 동부 지역 경찰 사령관이라고 했다. 더불어 자신을 데리러 오는 경찰 차량을 통과시키지 않는데 대해 상당히 화가 나 있다는 것이다. 심지어 한국군 기지에 대해 복수를 하겠다는 말까지 했다는 것이다. 그러나 단장은 단호했다. 다시 정보과장을 보냈다. 헬기를 이륙해서 다른 기지에 착륙하든지 정식 절차를 밟아서 협조를 하든지 선택하라고 전했다. 경찰 사령관은 선택의 여지가 없었다. 그는 미군 협조 장교를 통해 정식으로 한국군 기지 착륙 허가를 요청했다. 미군 협조 장교는 대신 사과의 말을 전했다. 단장은 괘씸하다며 다시는 이런 일이 없을 것이라는 조건으로 승인한다고 했다. 그리고 지휘 통제실이나 접견실로 안내하지 않고 곧장 기지를 떠나라고 했다.

그렇게 상황은 종결되었다. 그 후 동부 지역 경찰 사령관은 자신이 한국군 기지가 있는 파르완주 출신이라고 했다. 가끔 고향을 방문하는데 한국군 기지 헬기장을 이용할 수 있도록 부탁한다는 정식 협조 요청을 해왔다. 그리고 자신의 무례한 행동을 공식적으로 사과한다고 했다. 이번 일로 나는 단장이 새롭게 보였다. 위기의 상황에서 자기만의 확고한 신념이 없으면 이리저리 휘둘리게 된다. 단장은 확고한 자기만의 생각과 신념이 있는 지휘관이었다.

　우리는 살면서 자장면과 짬뽕을 선택하지 못할 정도로 생각 없이 행동할 때가 있다. 이럴 때는 그런 사람이 되지 않도록 노력해야 한다. 그래야 당당하게 나만의 생각을 말할 수 있게 된다. 나만의 생각이 쌓이면 신념이 된다. 신념이 있으면 인생을 보다 잘 살 수 있는 사람이 된다. 신념은 전쟁과 같은 특수한 상황에서도 그 가치를 발휘한다. 상황을 바라보는 관점과 문제의 본질을 꿰뚫는 통찰력을 발휘하기 때문이다.

　수시로 흔들리고 시련이 파도처럼 밀려와서 부딪히는 게 인생이다. 나의 확고한 가치관과 신념이 있으면 모두 헤쳐나갈 수 있다. 그 정신의 토대는 나만의 생각을 가지는 것에서부터 시작된다.

5

인문고전 독서로 내면의 그릇을 키워라

"한 권의 책을 읽음으로써 자신의 삶에서 새 시대를 본 사람이 너무나 많다."

– 헨리 데이비드 소로우 –

김호용 회장의 독서 그릇

"젊음의 특권은 꿈을 가지고 도전하는 것입니다. 여러분은 큰 꿈을 가져야 합니다. 그런데 벌써부터 '커피숍 하나 차려서 편하게 살겠다.'라고 생각하는 학생이 있습니다. 자신의 가치를 스스로 한정 짓지 마십시오. 여러분은 글로벌 인재입니다. 세상을 위해 공헌하는 사람이 되십시오. 그게 제가 여러분에게 장학금을 주면서 바라는 한 가지 소원입니다."

㈜한샤인 인터내셔널 김호용 회장은 70대의 나이가 무색할 만큼 에너지가 넘친다. 그는 학생들에게 장학금을 주고 1년에 두 번 만찬을 연다.

그리고 학생들에게 자신의 경험담을 들려주며 꿈을 키우라고 강조한다.

　김호용 회장님과의 인연은 연세대학교 학군단에서 시작되었다. 당시 나는 학군단에 새로 부임한 선임 교관이었다. 김호용 회장님은 연세대학교 ROTC 총동문회 명예 회장이셨다. 행사장에서 처음 만나 인사를 나누며 같은 고향분임을 알게 되었다. 나중에 아버지에게 물어보니 고향에서 가장 성공하신 분이라고 하셨다.

　나는 호기심이 많은 편이다. 궁금하면 찾고 연구한다. 그래서 인터넷에서 김호용 회장님을 검색했다. 많은 자료들이 검색 창에 떴다. 그중에 '부산고 동문회'에서 올린 자료를 자세히 읽어보았다. 가난한 학생 시절 이야기, 홍콩에서 성공한 사업가가 된 이야기가 있었다. 나는 회장님의 성공 스토리가 더욱 궁금해졌다. 그래서 용기를 내어 회장님께 전화를 걸었다.

　"회장님! 저 송은섭 소령입니다."
　"아, 그래요. 송 소령."
　"학생들을 위한 초청 특강을 기획하고 있습니다. 회장님을 모시고 싶은데, 한번 찾아뵙고 설명을 드려도 되겠습니까?"
　"초청 특강이라, 그래 한번 해봅시다. 오늘은 시간이 안 되고 내일 내 사무실로 오세요. 자세한 것은 그때 이야기합시다."
　"네. 감사합니다. 회장님."

다음 날 나는 두근거리는 마음으로 회장님을 찾아갔다. 비서실에서 잠시 대기하다가 안내를 받아 이동했다. 회장실은 어떤 모습일까? 무척 기대되었다. 사무실로 들어서자 회장님은 반갑게 나를 맞아 주셨다. 잠시 후 비서 한 분이 차를 들여왔다. 차를 놓는 동안 내부를 둘러보았는데 많이 놀랐다. TV 드라마에서 보던 고급 장식장, 도자기 이런 것은 하나도 없었다. 대신 책장에 수백 권의 책이 꽂혀 있었다. 그리고 대략 일곱 종류의 신문이 책상 한쪽에 펼쳐져 있었다. 모두 읽고 계신 것 같았다. 컴퓨터와 모니터는 화상회의가 가능한 시스템으로 설치되어 있었다. 한국에 계실 때는 홍콩 본사와 수시로 화상회의를 하신다고 했다. 인터뷰 중에도 홍콩 본사 직원의 화상 연결이 들어오기도 했다.

"왜? 책이 많아서 놀랐나요?"

"네, 마치 작은 도서관 같습니다."

"책은 나를 키워 준 스승과도 같습니다. 사람은 항상 배우는 자세로 살아야 해요. 책에서 배우든, 좋은 스승에게 가르침을 받든 항상 배운다는 생각이 중요합니다."

"네, 그래서 오늘 회장님께 배우러 왔습니다. 많이 가르쳐 주십시오."

"그래요. 뭐부터 이야기를 해줄까? 하하하, 책 이야기를 먼저 해주고 싶은데 송 소령은 책을 많이 읽는 편인가요?"

"네, 한 달에 한 권 정도는 읽는 것 같습니다."

"주로 어떤 책을 읽나요?"

"네, 대부분 자기 계발서 위주와 문학 소설 종류를 읽습니다."

"그렇군요. 나는 송 소령이 인문고전을 많이 읽기를 바랍니다. 인문고전에는 생각을 크게 하는 마법 같은 게 있어요. 세상을 바라보는 통찰력도 기를 수 있고요."

"회장님은 중국에서 사업을 하셨으니까 아마 중국 고전을 많이 읽으셨을 것 같습니다."

"당연하지요. 중국에서 사업을 하려면 중국 고전을 모르면 안 됩니다. 사업을 하는 사람들은 특별한 마인드를 가지고 있어요. 세상을 크게 보고 보다 더 좋은 곳으로 만들겠다는 생각이죠. 그냥 시시하게 읽는 책에서는 발견할 수 없어요. 수천 년 이어져 온 지혜를 읽어야 해요. 그래야 생각이 커지고 그 사람의 그릇도 커지게 되는 겁니다."

"생각을 키우고 그릇이 큰 사람이 되는 방법이 고전을 읽는 거라는 말씀이시죠?"

"그렇습니다. 인문고전을 통해 생각이 큰 사람이 될 수 있어요. 그런데 그렇게 생각이 큰 사람이 되었는데도 불구하고 성공하지 못하는 사람이 있습니다. 바로 태도의 문제입니다. 아무리 그릇을 키워서 빗물을 많이 받게 되었다고 해도 그릇을 엎어놓으면 빗물을 받을 수 없게 되는 이치와 같은 겁니다. 그래서 긍정적이고 사람을 존중하는 태도를 가져야 해요. 『논어』를 읽으면 이런 태도를 가질 수 있습니다."

김호용 회장은 지금의 자신을 만든 것은 책의 힘이라고 했다. 특히 인문고전 독서는 생각을 키우고 더 큰 세상으로 나아가는 자신감을 가지게 해주었다고 말했다.

"회장님은 힘든 시기가 많이 있었을 거 같은데요. 그럴 때마다 힘이 되어주는 무언가가 있었을 거 같습니다. 그 부분을 마지막 질문으로 드리고 싶은데요."

"힘이 되어주는 것은 당연히 가족이죠. 가족을 생각하면 힘이 나게 되어 있습니다. 그런데 나는 하나가 더 있어요. 위기가 닥칠 때마다 나는 가난했던 학생 시절을 생각합니다. 중학교부터 대학교까지 딱 10년, 나는 여러분이 상상도 못할 만큼 치열하게 살았습니다. 그 10년의 치열함을 떠올리면 못 해낼 게 없어요. 누구나 10년 정도만 치열하게 살아내면 성공할 수 있습니다. 그게 습관이 되어 다시 10년, 또 10년, 이렇게 이어지는 거고요. 그러다 보면 끊임없이 열정을 쏟아 붓는 인생이 되는 겁니다."

그날 회장님은 정말 많은 경험담을 들려주셨다. 주옥같은 그 말씀들을 지면에 모두 담지 못해 아쉽다. 그중에 3개의 이야기가 나에게 큰 여운을 남겼는데 요약해보면 다음과 같다.

첫 번째 이야기는 책을 통해 더 큰 사람이 되라는 것이다. 특히 인문고전으로 생각하는 힘과 생각의 그릇을 키우라는 것이다.

두 번째 이야기는 좋은 인간관계가 사람을 살린다는 것이다. 동양목재 홍콩 지사에서 근무하던 시절 이야기다. 당시 평사원으로 목재 수입 관련 업무를 담당했다. 그런데 회사가 정치권의 눈 밖에 나서 하루아침에 부도가 났다. 끈 떨어진 연처럼 자연히 홍콩 지사는 폐쇄되었다. 그런데 그냥 폐쇄하고 귀국하기에는 너무 아까웠다. 그래서 자신이 직접 무역 회사를 차리고 홍콩 지사를 인수했다. 인생을 바꾸는 담대한 도전을 한 것이다. 그 과정에서 평소 관계를 잘 맺어 두었던 중국인들의 도움을 크게 받았다고 한다. 그래서 회장님은 지금도 "사람이 재산이다. 좋은 인간관계, 탄탄한 인맥만큼 좋은 투자는 없다."라고 말한다.

세 번째 이야기는 앞서 말했던 '딱 10년만 치열하게 살아 봐라'다. 나는 지금껏 얼마나 치열하게 살았는가를 생각해보았다. 10대, 20대, 30대, 40대!, 어느 나이 대에도 10년간 계속 치열하게 살아본 기억이 없다. 2~3년 정도는 있었지만 10년간 죽기 아니면 살기로 치열하게 살아본 적은 없다. 그래서 현재 나의 모습은 내가 살아온 날들의 결과다. 나를 반성하게 하는 이야기였다.

역시 성공한 사람들의 이야기를 들어보면 공통점이 많다. 책을 좋아한다는 것, 시련을 이겨내는 특별한 신념이 있다는 것, 소통과 배움 그리고 배려의 습관을 생활 속에서 실천하고 있다는 것이다. 이러한 경험들이 그릇을 크게 키워서 보통 사람들은 담을 수 없는 엄청난 성공으로 이어졌을 것이라고 생각했다.

나는 돌아오는 내내 회장실의 책장이 머릿속에서 떠나지 않았다. '나도 반드시 저런 책장을 만들고 책 속에서 깨달음을 얻을 거야!'라고 다짐했다. 김호용 회장님이 추천해준 인문고전 책들이 나의 그릇을 키워주는 즐거운 상상을 하며 돌아왔다.

서머싯 몸, 『달과 6펜스』,
"마흔, 내가 하고 싶은 꿈에 도전하다."

"나는 그림을 그려야 한다지 않소. 그리지 않고서는 못 배기겠단 말이오. 물에 빠진 사람에게 헤엄을 잘 치고, 못 치고가 문제겠소? 우선 헤어나오는 게 중요하지. 그렇지 않으면 빠져 죽어요."

"사랑하면서 예술을 할 만큼 인생은 결코 길지 않아!"

— 주인공 찰스 스트릭랜드가 자신이 왜 그림을 그려야 하는지 설명하는 명문장이다.

"개성이 강하다면 천 가지 결점도 기꺼이 다 용서해주고 싶다."

— 나는 이 문장을 소설과 다르게 해석하고 싶었다.

서머싯 몸의 『달과 6펜스』는 40대 후반에 새로운 꿈을 가지게 해준 소설이다. 내 속에 웅크리고 있던 예술적 본능을 일깨워주었다. 그저 평범하게 사는 인생을 거부하는 것이 아니라 '내가 원하는 삶을 살아보지 못하고 죽기는 싫었다.'가 더 솔직한 표현이다.

물에 빠지면 헤엄을 잘 치고 못 치고가 문제가 아니라 빨리 '헤어나오는 것이 급선무다. 그래서 '나는 누구인가? 나는 어떻게 살 것인가?'를 고민했다.

40대 후반에 뭘 새로 시작한다는 게 참 어렵다고들 한다. 나 역시도 그 랬다. 그런데 도전해보지도 않고 포기하는 것은 더 나쁜 인생이라는 생각이 들었다. '그리지 않고서는 못 배기겠다.'는 말과 '인생은 결코 길지 않아!'라는 말이 내 생각에 강한 자극을 주었기에 뭔가를 찾기 시작했던 것이다. 그 뭔가는 평생을 걸쳐 내가 할 수 있는 일이어야 했다. 그래서 나는 작가가 되기로 결심했다.

'개성이 강하다면 천 가지 결점도 기꺼이 다 용서해주고 싶다.'라는 문장에서 나는 서머싯 몸과 다른 생각을 했다. 아무리 천재성을 가진 예술가라도 삶에 부도덕한 부분을 성찰하고 개선하지 못하면 예술적 표현도 같은 평가를 받을 수밖에 없다. 평생 하고 싶은 일을 하더라도 부도덕한 삶을 살고 싶지는 않았다.

찰스 스트릭랜드는 46세에 자기가 하고 싶은 예술을 위해 과감한 선택을 했다. 나는 그의 선택에 강한 동기 부여를 받았다. 그리고 작가로서의 새로운 인생을 살기로 결심했다.

6

인문고전이 삶의 무기가 되는 이유

"가장 발전한 문명사회에서도 책은 최고의 기쁨을 준다.
독서의 기쁨을 아는 자는 재난에 맞설 방편을 얻는 것이다."

― 랄프 왈도 에머슨 ―

시험공부와 진짜 공부의 차이

지인의 연구소에 서울대를 나온 2명의 연구원이 신규로 채용되었다. 2명은 전공이 같았으며 학점도 비슷하게 우수한 성적으로 졸업을 했다고 한다. 그래서 둘의 연구 활동에 상당히 기대를 하며 그동안 진척이 없었던 프로젝트를 맡겼는데 결과는 완전히 달랐다고 한다. 겉으로 보여지는 모든 조건들은 비슷했지만 실제 업무 수행 능력은 하늘과 땅 차이라고 했다. 나는 점점 그 이야기가 궁금해졌다.

"그래서 어떻게 되었어? 어떤 차이가 있었다는 거야?"

"두 명이 일하는 방식이 완전히 달라. 한 명은 보여지는 대로 눈앞에 있는 현상만 보고 기획을 했고, 다른 한 명은 문제의 기원을 추적해가더니 그동안 우리가 해결하지 못한 부분을 한 달도 되지 않아서 해결했어."

"그 차이가 뭐라고 생각해?"

"한 친구는 시험 위주의 공부를 했고, 다른 친구는 스스로 질문하고 찾아가는 공부를 했다고 하더라고. 내 생각에는 그게 문제에 접근하는 차이를 만들어냈다고 봐. 그 신입사원이 들어오기 전에 3년 동안 우리는 모두 시험공부 출신이라 본질을 못 본거지. 그런데 이 친구는 그걸 보더라고. 그게 결정적인 차이인 것 같아."

나는 이 이야기를 듣고 우리의 현실을 그대로 보여주는 사례라고 생각했다. 나 역시도 어릴 적부터 시험에 익숙한 공부를 했다. 그런데 진짜 공부를 잘했던 고교 친구 중에 박귀현이라는 친구가 있었는데 그는 참고서를 보지 않았다. 수학 문제를 풀면서도 스스로 푸는 방법을 만들어냈다. 대단한 친구라고 생각했는데 최근 연락해보니 역시 성공한 삶을 살고 있었다. 그는 대기업의 남미사업팀에서 성과를 내며 승승장구하고 있다. 창의적인 사고와 인성까지 훌륭해서 어디서나 인정을 받고 있다.

40대는 대부분 공부만 잘하면 성공한다고 생각하는 부모의 영향 아래 성장했다. 그래서 '공부만 잘하면 최고'라는 생각이 잠재의식 속에 각인되어 있었다. 부모님 세대는 자식을 위해 밤새 일하더라도 자식이 공부만 잘하면 힘든 줄 몰랐다. 자식들은 시험 성적으로 보답했다. 결과적으로 공부하는 기계로 만들어졌고 시험 성적이 인생을 좌우하는 사회가 되었다.

물론 일찍 의식이 깨이신 부모들도 있었다. 인문고전의 중요성을 알고 '그레이트 북스' 프로그램에 있는 책을 어린 시절부터 읽혔다. 그러나 대부분의 가정에서는 학교 교육의 시험 성적에 따라 인생이 바뀐다는 인식이 많았다. 사회 분위기는 점점 인문고전 공부를 멀어지게 만들었다. 이런 시험 위주 교육은 창의성을 죽이고 문제 해결 능력을 떨어지게 한다. 사람을 기계적인 부품이 되도록 만드는 교육이다.

지금 세계는 교육에 혁신을 가하고 있다. 그 중 핀란드의 교육 혁신은 아주 특별한 방식으로 진행되고 있다. 학년별 커리큘럼을 없애고 교과별 수업을 하지 않는 방향으로 개혁하고 있다. 우리는 일반적으로 같은 연령의 아이들이 같은 교실에서 같은 과목을 공부하는 것에 익숙하다. 이런 방식은 일본이 메이지 유신을 통해 근대화를 하던 당시 만들어진 제도이다. 부국강병 정책을 추진하기 위해 획일화된 교육이 필요했던 것이다. 그런 근대 교육 방식이 일제 식민지를 거치면서 우리나라에도 심어져버렸다.

서당식 공부와 학원식 공부의 차이

일제 식민지 이전 조선시대에는 어떤 모습이었는가? 조선시대는 지금

핀란드의 교육 방식과 유사했다. 서당식 교육이 있었다. 1700년대 조선 후기 김홍도의 〈서당〉이라는 그림을 보면 한 아이가 훈장님에게 회초리로 종아리를 맞았는지 훌쩍훌쩍 울고 있는 장면이 나온다. 그런데 자세히 보면 덩치가 큰 아이, 작은 아이, 그리고 갓을 쓴 아이도 보인다. 갓을 썼다는 것은 장가를 갔다는 뜻이다. 따라서 당시에는 지금처럼 나이별로 학급을 구성해서 단계별 교육 과정을 적용하지 않고 통합 교육이 이루어졌다는 것이다.

조선시대 서당식 교육은 현재 핀란드에서 진행 중인 교육의 변화 방향과 비슷하다고 할 수 있다. 그렇다면 핀란드는 왜 과거로의 회귀를 지향하는 것인가? 그냥 보여지는 모습은 과거로의 지향처럼 보이지만 자세히 들여다보면 발전적 요소가 함께하고 있다. 정보 통신 기술이 적용된 '과거 시스템의 발전적인 부활'이라고 할 수 있는 것이다.

나는 두메산골 오지에서 초등학교를 5학년까지 다녔다. 당시 우리 학년은 인근 4개 마을의 학생 19명이 전부였다. 그 중에는 학교를 늦게 들어와서 한 살 많은 아이도 있었고, 7살에 입학해서 한 살 어린 아이도 있었다. 한 학년에 7, 8, 9세의 아이가 같이 공부한 것이다. 물론 학년별 교육과정이 있었지만 소수 인원이다 보니 학습 진행도 선생님에 따라 달랐다.

나는 초등학교 1학년 때 『논어』에 나오는 한자 구절을 배웠다. 당시 선생님은 하루에 한 문장씩 칠판에 적어 놓고 설명해주셨다. 그리고 노트에 쓰라고 하셨다. 안보고 쓸 수 있을 때까지 쓰면서 외워야 했다. 초등학교 1학년이 뭘 알겠는가? 그런데 신기하게 지금도 그 한자들이 기억난다. '學而時習之(학이시습지)면 不亦說乎(불역열호)아.' '배우고 때때로 그것을 익히면 기쁘지 아니한가.' 학교를 마치고 집으로 가는 길은 아이 걸음으로 30분이 걸렸다. 30분 동안 뛰거나 걷거나를 반복하며 입으로는 '학이시습지'를 외우고 있었다. 집에 도착해서 부모님께 오늘 학교에서 배운 『논어』 이야기를 하면 대견해하셨다.

수업 방식도 질문과 토론이 주였다. 선생님은 19명 모두의 생각을 물어보셨다. 예를 들어 지금도 기억나는 질문이 있는데 '효란 무엇인가?'였다. 답변할 때는 한 가지 원칙이 있었다. 앞에 아이가 말한 내용은 절대 다시 말하면 안 된다는 거였다. 초등학교 1학년이 생각하는 효는 정말 다양했다. 첫 번째 아이가 '부모님 말씀 잘 듣는 것'이라고 시작하면 마지막 19번째 아이는 나올 게 다 나온 상태라 울음 직전이다. 선생님이 겨우 달래서 말하라고 하면 '제가 소 먹이 주는 거요.'라고 해서 웃음바다를 만들기도 했다. 자연 학습은 실제 식물과 곤충으로 관찰했다. 그러다 보니 책에 나오는 그림으로 보는 게 아니라 실물을 만져보며 본질을 이해하는 눈을 키우게 되었다.

그런데 6학년이 되어 창원으로 이사를 가게 되었다. 2층 이상 건물을 본 적이 없는데 4층 건물이라 많이 놀랐다. 거기다 한 학년은 한 반에

50~60명 정도로 6개 반이 편성되어 있었다. 저학년들은 교실이 부족해서 오전반, 오후반으로 나누어 수업을 진행할 정도였다.

나는 당연히 적응이 어려웠다. 토론과 1:1 학습지도, 자연 학습 등으로 공부했던 나에게 도시는 완전히 충격이었다. 그래도 발표하는 시간이 되면 나는 창의적인 생각을 많이 해서 선생님으로부터 칭찬을 들었다. 한 가지 더 놀란 것은 같은 반 친구들 중 70% 정도가 학교를 마치고 학원을 가는 것이었다. 당시에는 주산 학원, 컴퓨터 학원, 태권도 도장 등이 주로 다니는 학원이었다. 조금 잘산다는 아이는 시 전체에 한두 개 밖에 없는 영어 학원에 다녔다.

그런 아이들 속에서 나는 중간 정도의 학업 성적을 유지했다. 그런데 창의적인 생각을 요하는 부분에서는 선생님으로부터 칭찬을 많이 받았다. 과학 상자 조립을 하면 설계도와 다른 방식으로 조립을 했다. 다른 아이들은 설계도에 나와 있는 대로 맞춰가는 방식이었다. 나는 처음부터 설계도를 보지 않고 내 생각대로 만들었다. 자연히 다른 아이들이 조립을 완료했을 때 나는 중간 정도밖에 못했지만 선생님은 기다려주셨다. 그리고 완성된 모습을 비교해보면 모두 일률적으로 같은데 나만 다른 모양이었다. 아이들은 내 주위에 몰려와서 '이게 뭐냐?'고 말하기도 하고 '와, 신기하다.'라고 말하는 아이도 있었다. 이런 차이는 두메산골에서 5년 동안 서당식 교육을 받았기 때문이라는 생각이 든다. 그러나 안타깝게도 이후 도시의 중·고등학교 과정을 거치면서 나도 시험공부를 하는 아이가 되었다.

지금까지 우리는 시험공부에 단련되어왔다. 그래서 창의적인 생각이나 본질을 꿰뚫어 보는 연습이 부족했다. 직장에서도 시험공부에 익숙한 사람은 생각하는 공부를 한 사람을 이길 수 없다. 단순하게 현상만 보고 사지 선다형의 답을 찾는 사람은 문제의 본질을 보는 사람과 경쟁이 되지 않는다. 그래서 인문고전 공부로 생각하는 힘을 키워야 하는 것이다.

40대는 많은 경험을 축적한 나이다. 여기에 인문고전의 힘을 추가한다면 경쟁력을 갖추게 될 것이다. 마흔, 인문고전 공부로 정신의 영역에 천재의 가르침을 새겨넣어야 한다. 인문고전은 우리의 삶에 무기가 되기 때문이다.

7

인문고전으로 생각의 프레임을 바꿔라

"나는 삶을 변화시키는 아이디어를 항상 책에서 얻었다."

— 벨 훅스 —

고정관념의 틀을 깨면 본질이 나타난다

길거리에 나이든 노숙자가 구걸을 하고 있다. 그는 앞을 보지 못한다. 사람들이 깡통에 동전을 던져 주면 그 소리에 반응해서 고맙다며 고개를 연신 숙인다. 사람들은 그 맹인에게 시선을 주지 않고 자기 갈 길을 간다. 그래서 맹인은 사람들이 잘 보이도록 '저는 앞을 보지 못하는 맹인입니다. 도와주세요.'라고 종이에 써서 깡통 앞에 놓았다. 사람들이 가던 길을 멈추고 한 번 읽어보고는 다시 지나간다. 가끔 동전을 던져주는 사람은 글자를 써놓지 않았을 때와 같았다.

그때 젊고 아름다운 아가씨가 맹인에게 다가가서 무언가 글자를 적어주고 갔다. 잠시 후 사람들은 그 글을 보고 동전을 깡통에 넣어주었다. 한 사람이 넣어주자 지나가던 사람들이 너도 나도 그 글을 보고 동전을 넣어주었다. 맹인은 기적이 일어난 것처럼 감사하다는 말을 계속해야 했다. '또각또각' 여자의 구두 발자국 소리에 맹인이 귀를 쫑긋한다. 글자를 써준 아가씨가 맹인에게 다가가서 깡통 속을 본 후 동전을 넣어주려 하자 맹인이 물었다.

"아가씨, 도대체 무슨 일이 있었던 건가요?"
"저를 어떻게 알아보셨어요?"
"나는 구두 소리만 들어도 알아요. 좀 전에 제 종이에 글자를 써주신 분 맞죠?"
"네, 맞습니다."
"뭐라고 써주셨기에 사람들이 이렇게 많이 도와주나요?"
"당신이 쓴 글과 같은 말인데 조금 다르게 썼을 뿐이에요."

깡통 앞에 놓여 있는 종이에는 '화창한 날이군요. 이 멋진 날을 나는 보지 못한답니다.'라고 쓰여 있었다. 맹인이라는 팩트는 같았지만 바라보는 관점은 달랐다. 맹인은 사람들에게 불쌍하게 여겨지도록 구걸을 하는 문구를 적었다. 그런데 아가씨는 맹인이 써놓은 종이를 뒤집어서 사람들의 감성을 파고드는 문구를 써준 것이다. 이 이야기를 좀 더 자세히 들여다보면 사람들이 맹인을 보는 관점이 달라졌다는 것을 알 수 있다. 처음 맹인이 써놓은 문구는 사람들이 보더라도 뭔가를 생각하게 만들지 못하는 글이었다. 두 번째 아가씨가 다시 써놓은 문구는 사람들이 읽어보고 뭔가를 생각하게 만드는 글이었다. 사람들의 감성을 끌어내어 동정심을 갖도록 만들었던 것이다. 이것이 관점을 달리 했을 때 나타나는 현상이다. 나는 우리 생각도 마찬가지라고 본다. 바라보는 프레임을 바꾸면 생각도 달라질 수 있다.

내가 강원도 화천군 최전방 GP(Guard Post 전투 전초 : 전투 전단의 전방으로 추진되어 있는 초소를 말함)를 담당하는 부대의 군수장교로 보직할 때의 일이다. GP는 GOP철책 너머 DMZ(비무장지대)에 있는 최전방 경계 소대가 있는 곳이다. 이곳은 겨울이 되면 자체 운영하는 심정이 얼어서 식수를 공급할 수 없는 어려움이 있었다. 그래서 차량에 물을 싣고 가거나 눈이 내려 차량이 이동하지 못하면 눈을 녹여서 사용할 정도로 열악했다. 그런 여건을 개선하기 위해 8월부터 10월까지 급수 배관 설치 공사를 실시했다. GOP 부근에 있는 대규모 물탱크에서 GP까지 급수 배관을 연결해서 물을 공급하는 시스템이었다.

공사를 마친 후 GP는 너무나 편리하게 물을 공급 받았다. 그런데 겨울이 되자 보온 자재로 되어 있는 급수 배관이 영하 20도를 내려가는 혹한에 모두 얼어버렸다. 다시 GP는 물을 공급받지 못해서 눈과 계곡의 얼음을 깨어서 사용할 수밖에 없었다. 사단장까지 나서서 대책을 강구하는지경에 이르렀다. 급수 배관이 얼었으니 제설 작업으로 길을 뚫고 차량에 물통을 실어서 추진하는 방법이 대세였다.

　나는 문제의 본질을 보려고 했다. 급수 배관이 얼었으면 그 배관을 녹여서 배관 속에 있는 물을 사용할 수 있지 않을까? 급수 라인은 평균 1km 정도였는데 3.5m 길이의 배관이 계속 연결되어 있었다. 급수 배관의 지름이 얼마이고 길이를 고려했을 때 내부 공간은 총 몇 리터의 물이 담겨 있겠다는 계산이 나왔다. 눈이 녹고 제설 작업을 마치려면 최소한 2일은 기다려야 했다. 그동안 GP는 식수를 공급 받지 못하게 된다. 그래서 나는 문제의 본질을 이용하는 방법을 계산식을 들어가며 설명했다. 모두 고개를 끄떡이며 한번 해보자고 했다. 우선 GP에서 가장 가까운 급수 배관 5개를 분리해서 GP식당으로 옮겼다. 배관을 비스듬하게 세워놓고 아래 부분에 물받이 통을 놓아두었다. 약 두 시간 정도 지나자 배관 속에 얼었던 물이 녹아서 흘러내렸다. 내가 계산한 물의 양과 비슷하게 나왔다. 전화로 조치 결과를 보고받고 대대장은 뛸 듯이 기뻐하며 사단장에게 바로 달려가서 조치 결과를 보고했다.

　문제 해결을 위한 생각이 고착되어 더 이상의 아이디어가 나오지 않는다면 문제의 본질을 보는 것부터 다시 생각해야 한다. 문제를 바라보는 프레임을 바꿔야 하는 것이다. 그런데 이러한 생각은 나이가 들고 반복되는 단순한 일상으로 인해 점점 고착되어간다. 그래서 신입사원들이 들어오면 그들의 눈으로 모든 것을 다시 볼 필요가 있다. 늘 고정되어 있는 내 시선에 신선한 관점으로 변화를 줄 수 있는 기회인 것이다.

실력이 스펙을 이기는 이유! 프레임이 다르기 때문이다

지방대를 나와 서울의 유명 광고 회사에 지원서를 냈다가 떨어졌다. 실력보다 스펙이 우선하는 한국 사회가 싫어졌다. 그리고 미국으로 건너가 광고 아카데미에서 실력을 키운다. 2년 만에 세계 유수의 국제 광고제에서 무려 29개의 메달을 휩쓸며 광고 천재라는 별명을 얻었다. 그리고 슈퍼 을이 되어 한국으로 돌아왔다. 그는 광고 천재 이제석이다. 그의 대표적인 작품으로 바퀴벌레 퇴치 스프레이 광고가 있다. 독일의 딱정벌레 자동차를 거꾸로 뒤집어놓았다. 사람들은 신기해서 쳐다본다. 자세히 보니 차 문짝에 '바퀴벌레 퇴치 스프레이' 광고가 붙여져 있다. 사람들은 그 모습을 보고 웃으면서 상황을 이해한다.

그의 두 번째 히트작은 이라크 전쟁을 반대하는 광고였다. 병사가 총을 들고 사격하는 모습의 사진에서 총열을 길게 늘여서 편집했다. 그리고 원기둥에 그 사진을 돌려서 감았다. 그렇게 하면 총구가 병사의 뒤통수로 와서 자신을 겨누게 되는 모습이 된다. 보통 사람들은 획일화된 교육으로 인해 거의 비슷한 기준으로 문제를 바라본다. 그래서 대부분의 생각이 일치하면 가장 최선의 방책이라고 생각한다. 하지만 천재의 독창성은 다르게 나타난다. 문제의 본질을 꿰뚫어 보는 것이다. 그래서 일반적인 생각으로는 따라잡을 수 없는 생각이 나오는 것이다. 그러나 천재의 독창성도 전혀 새로운 것은 아니다. 이제석의 광고를 보면 알 수 있다. 그의 생각은 기존에 없던 것을 새롭게 만든 것이 아니다.

바퀴벌레 약을 뿌려 놓으면 벌레들이 배를 뒤집어 죽는다. 우리는 일상 속에서 이런 모습을 자주 본다. 그것을 독일 딱정벌레 자동차에 연결한 것이다. 새로운 것을 창조하는 것이 아니라 기존의 익숙한 것을 연결하는 능력이 뛰어난 것이다. 스티브 잡스와 같은 생각을 할 수 있는 사람이다. 전쟁을 반대하는 생각도 마찬가지다. 일반적으로 전쟁 반대라고 하면 떠오르는 게 파괴된 도시, 처참한 사람들의 모습을 떠올린다. 그러나 이제석은 미군 전사자의 유해를 보고 그 감성을 담았다. 그를 죽인 사람은 적이 아니라 바로 자신이 된다는 것을 보여준 것이다. 그 그림을 보고 누가 전쟁을 자원해서 입대하려고 하겠는가? 생각하는 수준이 보통 사람과 다른 천재임이 확실하다. 맹인에게 감성을 자극하는 글을 써준 아가씨, GP 급수 배관 속의 물을 녹여서 활용한 나, 광고 천재 이제석. 이들은 모두 관점과 생각의 프레임을 바꾸어서 문제를 해결했다. 생각의 프레임을 바꾸면 행동이 바뀐다. 행동이 바뀌면 습관이 바뀌고 인생도 바뀐다. 생각을 바꾸고 더 잘 생각하게 만드는 공부가 인문고전 공부다.

마흔의 나이에 천재가 되겠다고 아등바등 공부하라는 이야기가 아니다. 생각의 프레임을 바꾸면 인생이 달라 보인다는 것이다. 그러면 자연히 문제 해결 능력도 향상될 것이다. 그 생각의 프레임을 바꾸는 방법과 수단이 인문고전이다.

프리드리히 니체의 '르상티망',
"여우와 신포도의 이솝우화는 내 이야기였다."

"이솝우화의 여우와 신포도 이야기에서 여우가 맛있는 포도를 보고 손을 뻗어 따려고 했지만 아무리 애를 써도 딸 수가 없었다. 결국 여우는 포기하면서 '이 포도는 엄청 신 게 분명해. 이런 걸 누가 먹겠어!'라며 돌아선다."

"니체는 르상티망(ressentiment)을 약자의 강자에 대한 질투, 원한, 증오, 열등감 등이 뒤섞인 감정이라고 했다. 이 르상티망으로 인해 인간은 본래의 인식 능력과 판단 능력이 왜곡될 가능성이 있다고 했다."

– 야마구치 슈의 『철학은 어떻게 삶의 무기가 되는가』 p.50에서 인용.

나는 자존감이 바닥이라고 생각했을 때 이 르상티망이 나를 버티는 힘이라고 생각했다. 질투, 원한, 증오, 열등감을 하나하나 손에 꼽아가며 나를 파괴하고 있었는데도 나는 망가져가는 나를 몰랐다. 포도를 따지 못한 여우처럼 스스로 신포도일 거라며 나를 위로하고 있었다. 당연히 그 감정의 소용돌이는 더욱 거세어지고 나는 길을 잃고 빠져 나오지 못하게 되었다. 다행히 니체를 만나서 이게 르상티망이라는 것이고 여기에 빠져 있으면 상황 인식과 판단, 가치관이 흐려진다는 것을 깨달았다. 그리고 나를 들여다보았다. 나는 진급 심사를 앞두고 핵심 직책을 수행하기를 원했다. 하지만 그게 이루어지지 않자 그에 상응하는 다른 길을 선택했다. 그런데 그게 악수를 둔 거였다. 나는 르상티망에 빠져, 가지 말아야 할 길을 갔다. 그리고 계속 반복되는 상황에서 시기심과 질투, 열등감이 가장 앞서 나가는 나의 심리가 되었다. 그런 불안정성을 가진 사람에게는 기회가 주어지지 않는다. 아니 주어져도 기회를 볼 수 없게 된다. 포도가 신 게 틀림없다고 생각하면 포도를 딸 수 없다. 그렇게 나는 계속해서 진급에 누락했다. 르상티망이 내 옆에서 함께하고 있었다.

가정불화 역시 나의 르상티망이 문제였다. 결혼 후 계속 다른 사람과 비교하는 나의 르상티망은 행복해질 수 없는 구조를 만들고 있었다. 플로베르의 소설 『보바리 부인』에서 보바리 부인은 '만약 다른 사람과 결혼했더라면!'이라고 생각하기 때문에 현실의 행복을 보지 못했다. 나 역시 그런 생각을 가지고 있었기에 눈앞에 펼쳐진 행복을 보지 못했던 것이다. 이런 생각들은 니체를 만나지 못했다면 깨닫지도 못하고 죽었을 것이다. 나는 그때부터 니체가 좋아지기 시작했다. 그리고 인생이 바뀌는 경험을 하게 되었다. 철학! 어려운 게 아니라 생각하지 못하는 것이다. 천재적인 철학자와 주고받는 생각들은 질문하고 답을 찾고, 또 질문하고 답을 찾으면 깨달음에 이를 수 있다.

3장

인문고전은 어떻게 두 번째 인생을 여는가?

인문고전은 지혜의 소금 창고이다

"지식은 다른 사람에게 전달될 수 있지만 지혜는 그렇지 않다."

― 헤르만 헤세 ―

미군 장교의 삼국지 이야기

『삼국지』에 보면 제갈량이 눈물을 흘리며 마속을 참하는 장면이 나온다. 이를 두고 泣斬馬謖(읍참마속)이라 한다. 제갈량은 패전의 책임을 물어 마속에게 참수형을 내렸다. 다시 구하기 어려운 장수이므로 많은 사람들이 살리자고 만류했다. 하지만 법을 엄정히 지켜 기강을 바로 세우기 위해 울면서 마속의 목을 베었다는 이야기다. 이후 이 말은 공정한 법 집행을 하거나, 대의를 위해 사사로운 정을 버리는 상황에서 많이 인용되었다.

아프가니스탄 차리카기지(한국군 독립기지)에는 한국군을 지원하면서 미군의 정보를 담당하는 팀이 있었다. 지휘관은 미군 R소령이었고 예하 소대를 지휘하는 소대장은 P중위였다. P소대장은 세계 최강의 미군이라는 자부심을 가지고 있었다. 그는 늘 첨단 장비로 무장한 장갑차와 각종 신형 무기 등을 우리에게 자랑했다.

"송 소령님! 우리 장갑차에 신형 무기를 장착했는데 보여줄게요."

"어떤 무기인가요?"

"레이저로 목표를 조준하고 사격하면 지정된 목표물에 정확하게 날아가는 유도 시스템이 있는 무기입니다."

"역시 최강의 미군이군요. 장갑차에 이런 무기를 장착하다니 대단해요."

"그런데 한국군은 오늘 작전을 왜 취소했나요? 오늘 주정부 청사에 회의가 있지 않나요?"

"우리 정보팀이 입수한 첩보에 의하면 오늘 그 회의장을 탈레반이 공격할 거래요. 주지사를 반대하는 시위도 주정부 청사 광장에서 있을 거고요. 그래서 한국군은 회의를 다음 일정으로 조정했습니다. 미군 정보팀도 오늘은 위험하니 작전을 다시 판단해보세요. 우리 정보과장이 이미 R소령에게 첩보를 전달했을 거예요."

"탈레반이 공격하면 싸우면 되죠. 저희 팀은 아직 한 번도 교전을 해보지 않았어요. 어쩜 이번 기회에 교전 경험을 쌓을 수 있는 좋은 조건인데요. 저는 팀을 이끌고 갈 겁니다."

그들의 작전을 우리가 이래라 저래라 간섭할 수는 없다. 지휘 체계상 그들은 독립된 지휘 통제를 받고 있었다. 단지 한국군을 지원하면서 그들의 정보 수집 임무를 수행할 뿐이었다. 미군 정보팀 P소대장은 이윽고 장갑차 3대를 이끌고 주정부 청사로 이동했다. 그들의 임무는 현상 주민들의 동향과 탈레반 활동에 대한 첩보 수집이었다. 지휘 통제실에서 상황을 모니터링 하고 있는데 동맹군 정보 체계에 경고 메시지가 계속 올라왔다. 주정부 청사 주변에 시위대로 인해 교통이 마비되고 차량 이동이 불가하다는 메시지였다. 잠시 후 새로운 첩보가 올라왔다. 시위대 속에 있던 불순 세력들이 미군 장갑차를 향해 총기를 난사하고 있다는 내용이었다. 나는 순간 'P소대장이 탈레반과 교전하고 있구나!'라고 생각했다. 미군 정보팀장 R소령을 찾아가서 현재 상황을 모니터링 하고 있는지 물어보았다. 그는 무전으로 P소대장과 계속 교신하고 있다고 했다. 시위대에 둘러싸여 움직이지도 못하고 계속 총알이 장갑차로 날아들고 있는 상황이라고 했다. 지원은 어떻게 할 거냐고 물었더니 공격 헬기와 상급 부대 지원 전력을 요청했다고 했다. 아프가니스탄 경찰이 현장에서 통제를 하고 있었지만 그들도 어쩔 수 없는 상황이었다. 그렇다고 시위대를 향해 공중에서 공격 헬기로 사격을 할 수도 없었다. 단지 군중 속에 있는 탈레반이 공격 헬기가 등장하면 위협을 느껴 도망갈 것으로 예상했다. 예상은 적중했다. 미군 공격 헬기가 공중에 나타나고 장갑차가 증원되어 투입되자 길이 조금씩 열리기 시작했다.

1시간 후 P소대장이 기지로 복귀했다. 장갑차 3대 모두 탄흔 자국으로 벌집이 되어 있었다. 백미러는 모두 깨져 있었고 방탄유리에는 총알 자국이 마치 얼음 위에 못을 박은 것처럼 찍혀 있었다. 장갑차 문이 열리고 P소대장이 장갑차에서 내렸다. 그는 혼이 나간 사람처럼 멍하게 나를 바라보았다. 내가 괜찮으냐고 물었더니 고개를 절레절레 흔들면서 살아온 게 기적이라고 했다. 아무런 조치도 못하고 꼼짝없이 시위대 틈에서 죽는 줄 알았다고 했다. 기관총 사수는 장갑차 헤치를 열고 있다가 총탄이 손바닥을 스쳐 지나가서 상처를 입었다. 조금만 옆으로 맞았어도 손목이 잘렸을 거라고 했다. 소대장은 그제서 부하가 부상당한 것을 알게 되었다.

나는 R소령이 P소대장을 어떻게 처리할 것인가에 대해 궁금했다. 모두가 만류한 작전을 필요하면 교전도 하겠다며 우겨서 갔기 때문이다. 부상자 발생과 장비 피해도 초래했다. 앞서 이야기한 泣斬馬謖(읍참마속)의 정서로는 낮은 단계의 징계라도 할 것 같았다.

R소령은 P소대장에게 경위서를 작성하도록 지시했다. 나는 R소령을 방문해서 어떻게 처리할 것인지 물어봐도 되냐고 했다. 그리고 나는 그의 대답에 두 번 놀랐다. 첫 번째는 그가 『삼국지』의 泣斬馬謖(읍참마속)을

이야기했다는 것이고, 두 번째는 그 이야기를 자신의 해석으로 분석까지 하고 있었다는 것이다.

R소령은 『삼국지』에서 제갈량의 泣斬馬謖(읍참마속)은 경솔한 조치였다고 평가했다. 실패한 부하에게 공을 세울 수 있는 기회를 주는 것이 훨씬 더 현명하다고 말했다. 대신 경위서를 통해 무엇이 잘못되었고, 이런 상황에서는 어떻게 조치하는 것이 옳았는지 작성하도록 지시했다고 말했다. 나는 P소대장의 경위서가 어떤 내용으로 채워질지 궁금했지만 그것까지는 볼 수 없었다. 한 가지 분명한 것은 그 후부터 P소대장이 겸손해졌다는 것이다.

전쟁터에서 읽는 손자병법

나는 아프가니스탄으로 파병을 가면서 『손자병법』을 가지고 갔다. 틈나는 대로 현재 상황과 손자병법의 각 편을 대입해보고 판단을 하기 위해서였다. 많은 상황을 겪으면서 참모로서 판단을 해야 했는데 쉽지는 않았다. 특히 작전계획을 수립하기 위한 공조 회의가 어려웠다. 현장 일정상 많은 활동이 필요한 KOICA(한국국제협력단)와 탈레반의 위협 사이에서 작전계획을 수립해야 했다. 탈레반의 위협이 있어도 어떤 상황에서는 목숨을 걸고 작전을 수행해야 했다. 또 어떤 상황에서는 다음 일정에 통합하면 되는 것도 있었다. 언제 어떻게 상황이 변할지 모르는 전쟁터다. 그래도 고된 하루 일과를 마치고 숙소로 돌아오면 『손자병법』과 인문고전 명작 소설이 나를 기다리고 있어서 좋았다.

『손자병법』에서 내가 가장 많이 보고 생각한 구절은 많이 들어본 知彼知己 百戰不殆(지피지기 백전불태)였다. '적을 알고 나를 알면 백번 싸워도 위태롭지 않다.'이다. 한국군 독립 기지는 차리카 시 외곽에 위치하고 있었다. 동부 지역 최대의 미군 기지인 '바그람 공군기지'와는 20Km 이상 떨어져 있었다. 탈레반의 사주를 받은 세력들은 한국군 기지를 6개월간 총 12번이나 공격했다. 우리는 적을 알아야 했다. 한 번 두 번 공격이 있을 때마다 적을 분석하고 사전에 공격 징후를 판단해야 했다.

그래서 적이 공격할 때마다 공격 원점을 지도에 붙여놓고 분석했다. 몇 번의 공격을 분석 결과 적이 자주 이동하는 경로가 그려졌다. 적은 마을길을 이용해서 모스크(이슬람 사원) 옆에서 공격하거나, 마을 주민들의 신고를 피하기 위해 인적이 드문 밭에서 로켓 공격을 했다. 아군을 아는 것도 중요했다. 아프가니스탄 경찰에게 공격 원점 수색을 요청하면 탈레반의 역습이 두려워 머뭇거렸다. 적이 완전히 도주할 때쯤 상황을 종료하고 돌아갔다. 가장 효과적인 방법은 미군 아파치 공격 헬기를 요청하는 것이었다. 30분 정도 소요되는 단점이 있지만 적의 추가적인 공격을 차단하는 효과가 있었다. 나는 적과 아군을 분석해가며 작전의 틀을 완전히 정착시킬 즈음 파병 기간 만료로 후임자에게 인계하고 귀국했다.

인문고전은 생활 속에서 항상 실천할 수 있을 때 그 가치를 발휘한다. 알고 있는 이야기라도 적용하지 않으면 지식의 상태에서 머문다. 지식이 지혜로 변하는 순간은 바로 적용하는 그 순간이다. 실제 생활에서 지식이 지혜로 바뀌는 경험을 하게 되면 지혜의 소금 창고에 자동으로 저장된다. 그리고 언제든지 꺼내 쓸 수 있는 상태가 된다.

나는 누군가가 인문고전을 왜 읽느냐고 물어보면 이렇게 대답한다. 읽고 나면 내가 달라지기 때문이다. 내가 달라진다는 건 볼 수 있는 게 많아진다는 것이다. 지혜롭게 적용하면 인생이 풍요로워지는 원리가 인문고전 속에 있다. 그래서 인문고전은 나에게 지혜의 소금 창고이다. 여러분도 지혜의 소금 창고 하나를 만들어보기 바란다.

2

손자병법, 인생의 전략을 세우는 교본

"적을 알고 나를 알면 백 번을 싸워도 위태롭지 않다.
적을 모르고 나만 알면 한 번 이기고 한 번 진다.
적도 모르고 나도 모르면 싸울 때마다 진다."

– 손자병법 3편 '모공' 중에서 –

싸우지 말고 생존하라!

'도대체 인생의 전략은 무엇이란 말인가? 인생의 전략을 세우고 사는 사람이 얼마나 되는가? 성공하는 기업과 실패하는 기업의 차이는 무엇인가? 나는 살면서 어떤 전략을 세워야 하는가?' 마흔의 나이에 나에게 던지는 질문이다.

무한 경쟁의 시대, 전략적인 마인드는 이제 생존의 기술이 되었다. 나는 지금껏 '싸움의 기술'을 가지고 살았다. 마흔이 넘어 이런 내 모습을 들여다보면 참 하수라는 생각이 든다. 고수는 '싸움의 기술'이 아니라 '생존의 기술'을 터득한 사람들이었다. 이것의 차이는 『손자병법』에도 잘 나와 있다.

손자는 '싸워서 이기는 것보다 지지 않는 것'을 더 중시했다. 백 번 싸워 백번 이기더라도 그 피해가 많다면 싸우지 않는 것이 더 낫다는 말이다. 그 깊은 뜻을 이해하면 '지지 않는다.'의 의미를 이해하게 된다. 예를 들어 동네에 마트가 하나 있었는데 바로 길 건너에 새로운 마트가 생겼다. 말 그대로 무한 경쟁을 하게 되었다. 새로운 마트의 사장은 가격을 인하하고 사은품을 통해 손님을 끌어들였다. 기존 마트 사장은 고객의 유출이 배가 아파 더 가격을 인하했다. 이런 상황을 '출혈 경쟁'이라고 한다. 이 지경이 되면 한쪽이 망할 때까지 지속된다. 결국 자본의 탄알이 많은 쪽이 이기겠지만 손실이 막대하다. 이런 승리는 지양해야 한다. 그래서 손자는 '지지 않는 전략'이 더 중요하다고 하는 것이다.

개인이나 기업에서도 전략은 곧 생존 기술이다. 미래를 위한 전략이 없으면 목적지를 입력하지 않은 비행기와 같다. 연료를 채우고 이륙은 하지만 목적지가 없기 때문에 공중에서 선회만 반복한다. 적당히 착륙할 곳을 찾지만 어떤 곳이 좋을지 결정하지 못한다. 결국 연료가 모두 떨어지면 그대로 추락한다. 개인이나 기업도 마찬가지다. 설령 전략이 있더라도 시대의 흐름을 읽지 못한 전략은 망하는 지름길이다. 이런 전략은 내가 원하는 목적지에 가지 못하게 만든다. 불필요하게 에너지만 낭비하고 성장을 멈춰버리게 만든다. 시대를 읽는 통찰력이 없으면 전략은 무의미하다.

핀란드의 '노키아'는 세계2위의 핸드폰 제조업체였다. 핀란드를 대표하는 기업으로 직장인 100명 중 1명이 '노키아' 관련 업체에서 일을 할 정도였다. 그러나 '노키아'는 애플과 삼성이 스마트폰의 시대를 열어갈 때 기존 핸드폰 방식을 고수하며 저가 핸드폰 전략을 선택했다. 제3세계에 더 많은 판매를 통해 시장 점유율을 높이겠다는 전략이었다. 결과는 기업의 몰락으로 이어졌다. 시대의 흐름을 잘못 읽으면 아무리 거대한 기업이라도 망한다는 것을 보여줬다. '노키아'의 몰락은 핀란드 경제 전체를 흔들리게 했다. 한 기업의 전략이 얼마나 중요한지 일깨워주는 사례다.

나는 인생의 전략이나 목표에 대해 구체적으로 생각하지 않고 살아왔다. 마흔이 넘어서야 내가 인생의 방향을 구체적으로 설계하지 않은 것을 후회했다. 지난날을 돌아보면 막연하게 단기적인 목표만 설정하는 근시안적인 삶을 살았다. 멀리 내다보고 미리 준비하는 그런 전략적인 마인드가 없었다. 군사학에는 전략과 전술이라는 개념이 있다. 전략이 상위 개념이고 전술이 하위 개념이다. 중간에 작전술이라는 개념도 있는데 전략과 전술을 이어주는 중간 단계의 術(술)이다. 기업의 사이즈(Size)에 비유하면 대기업(전략 수준), 중견 기업(작전술 수준), 중소기업(전술 수준)으로 설명할 수 있다. 먼저 전략을 세우고 이후 전략을 수행하는 제대별로 작전술, 또는 전술로 구분한다. 쉽게 말해서 전략이 큰 방향을 제시하면 작전술, 전술은 구체적인 방법을 찾아서 실행하는 것이다. 그래서 전략이 없는 전술은 내가 어디로 가는지, 왜 가는지도 모르고 그냥 가는 것과 같다.

40대 중반에 나를 뒤돌아보니 실패와 시련을 겪게 된 이유 중 하나가 전략의 부재였다. '나는 누구인가?, 어떻게 살 것인가?'에 대한 정리된 생각이 없었다. 당연히 내가 어디로 가는지도 몰랐다. 인생에 있어서 전략은 정신의 영역이다. 전술은 행동의 영역으로 실천하는 것이라고 볼 수 있다. 이런 개념의 정립이 없는 상태에서 이룬 것은 사상누각에 불과하다. 결과적으로 나는 작은 시련 하나에도 어찌할 줄 모르고 남 탓만 하다가 무너져버렸다.

손자병법으로 인생의 전략을 수립하다

『손자병법』에는 싸우지 않고 이기는 것이 최고라고 했다. 마흔이 넘어 인생 2막을 위한 전략을 세우며 이 말을 깊이 새겼다. 그리고 첫 단계로 知彼知己 百戰不殆(지피지기 백전불태)를 생각했다. 먼저 나를 제대로 알아야 한다. 나는 현재 어디에 서 있는가? 나는 무엇을 좋아하고 잘하는가? 적을 분석하는 과정도 필요하다. 내가 하는 일, 앞으로 하고자 하는 일에 경쟁자는 누구이며 차별화 전략은 있는가? 나는 천천히 나를 들여다보았다. 그리고 하나씩 종이에 썼다. '나는 책을 좋아한다. 나는 사람들의 고민 상담과 조언하는 것을 좋아한다. 나는 책을 읽고 글을 쓰는 것을 잘한다. 나는 사람들에게 희망과 꿈을 주는 것을 좋아한다', '앞으로 하고자 하는 일의 경쟁자는 작가이면서 1인 기업가이다.'

종이에 쓰인 글을 보며 전략 수립에 도움이 되는 책을 검색했다. 그리고 적합한 책을 선정했다. 그렇게 만난 책이 브랜든 버처드의 『백만장자 메신저』였다. 이 책에는 내가 가고자 하는 방향을 자세히 설명해놓았다. 이 책을 중심으로 나는 인생의 전략을 수립했다. 먼저 인생의 전략은 '의미 있는 삶과 경제적 부를 동시에 달성하는 삶'으로 정했다. 두 마리 토끼를 동시에 잡는 전략처럼 보이지만 사실은 하나의 행위로 두 가지를 달성하는 것이다.

그래서 나의 전략을 가장 잘 표현할 수 있는 문구로 정했다. 이를 뒷받침 하는 정신적 기조는 '선한 영향력을 주는 인생'으로 정했다. 의미 있는 삶이란 결국 타인에게 선한 영향력을 줄 때 느낄 수 있는 것이라 생각했다. 전략 구현을 위한 작전술에는 '선한 영향력을 주는 메신저로서 1인 크리에이터가 되는 것'으로 정했다. 작전술의 목표는 전략을 구체화해주고 전술을 이끌어주는 의미가 있다. 따라서 1인 크리에이터는 가장 적합한 표현이라 생각했다. 그리고 1인 크리에이터로서 어떤 일을 할 것인가를 전술적 목표로 총 4개를 선정했다.

첫 번째가 인문고전을 삶에 적용하는 '인문고전 작가'가 되는 것이다. 두 번째는 인문고전을 쉽게 설명해주는 유튜브 채널의 운영자가 되는 것이다. 세 번째는 인문고전을 생활 속에 쉽게 적용하는 방법을 전파하는 강연가가 되는 것이다. 네 번째는 상담 및 1:1코칭을 하는 코칭 전문가가 되는 것이다. 이렇게 정리해보니 지금 무엇을 준비하고 어떤 절차와 경로를 거쳐야 할지 명확해졌다. 인생을 보다 체계적이고 방향성 있게 살 수 있겠다는 생각이 들었다. 전략과 전술을 수립하고 나니까 목표 달성을 위해 해야 할 것들이 보이기 시작했다.

1인 크리에이터를 위해 작가가 되기로 했다. 그리고 〈한국책쓰기코칭 협회(이하 한책협)〉에서 김 도사에게 책 쓰기 과정을 배웠다. 유튜브를 위해 먼저 팟캐스트에 도전했다. 인문고전 8편을 분석해서 토론하는 시간을 진행했다. 그리고 이렇게 쌓은 경험을 토대로 유튜브에 도전해서 개인 채널 〈행복한 부자 송쌤〉을 개설했다. 이제 전술 수준에서 해야 할 일들을 만들어내고 있다. 성과로 이어지면 작전술 수준, 전략 수준의 목표도 달성할 수 있으리라 확신한다. 나는『손자병법』으로 나를 분석하고 인생의 전략을 세웠다. 어렵게만 생각하면 아무리 읽어도 와닿지 않는다. 내 삶에 어떻게 적용할 것인가를 생각하면서 읽어야 지혜의 길이 보인다. 20대에는 그 깊은 의미를 몰랐다. 30대에는 읽을 시간도 없었다. 40대가 되어『손자병법』을 전장에서 느껴보고 다시 내 인생에 대입해보니 진리임을 깨닫게 되었다. "책속에 길이 있다."라는 말을 느낄 수 있는 책이다.
그러나 아무리 길이 있다고 해도 발견하지 못하면 무용지물이다. 이 책 속에서 나는 어떤 것을 얻겠다는 생각을 먼저 하고 읽어야 한다. 그러면 보다 쉽게 찾을 수 있을 것이다. 책속에서 길을 만나고 다시 인생의 전략으로 이어지게 해야 한다.『손자병법』으로 인생의 전략을 세워 승리하는 삶이 되기를 바란다.

3

탈무드, 유대인의 생존 바이블

"아이에게 물고기를 잡아서 주지 말고 물고기 잡는 법을 가르쳐주어라.
그러면 평생을 배부르게 먹고 살 수 있을 것이다."

― 탈무드 중에서 ―

돈에 대한 잘못된 생각이 가난을 불렀다

"가난이 방문으로 들어오면 사랑은 창문으로 달아난다."

돈에 관한 유명하고도 얄궂은 속담이다. 내가 초등학교 5학년 때 아버지의 사업이 실패해서 가세가 기울었다. 학교에서 돌아오자 낯선 남자들이 가구, TV, 냉장고 등 집안 세간에 빨간 딱지를 붙이고 있었다. 어머니는 울고 계셨고 할머니는 '이게 무슨 일이냐?'며 한숨만 쉬고 계셨다. 남자들은 빨간 딱지를 모두 붙이고 나서 나에게 말했다.

"애야, 이거 떼면 큰일 난다. 잡혀가서 콩밥 먹을 수 있어. 이제부터 이 딱지가 붙은 물건은 너희 것이 아니야. 알겠지?"

"이거 우리 아빠가 산 건데요!"

"아빠가 샀어도 이제부터는 법원 재산이니까 명심해라."

"네."

할머니는 어머니를 달래면서 이게 다 돈 때문이라고 하셨다. 돈이 원수지 아버지는 미워하지 말라고 하셨다. 어린 마음에 돈에 대한 부정적인 인식이 나도 모르게 잠재의식에 자리 잡았다. 이후 나는 줄곧 돈을 많이 벌어서 부자가 되겠다는 생각보다 돈은 있어도 그만 없어도 그만이라는 생각을 하게 되었다. 그게 무슨 대단한 삶의 철학이나 되는 것처럼 말하기도 했다. 젊었을 때 친구들과 술을 마실 때도 돈 이야기가 나오면 "있으면 쓰고 없으면 안 쓰면 되지, 뭘 그렇게 아등바등 사냐?"라고 했다. 나는 친구들의 열정에 찬물을 뿌리는 열정 킬러가 되어 있었다.

마흔 초반에 경제적으로 파산지경에 이르러 생각해보았다. 왜 이렇게 되었는가? 왜 나는 돈을 벌지 못하고 가난하게 살 수밖에 없는가? 내 잠재의식은 아직도 '돈이 인생의 전부는 아니야.'라고 말하고 있었다. 그런데 현실 의식은 그렇지 않았다. 지금 상황은 돈이 인생의 전부로 느껴졌다. 그리고 돈에 대한 나의 의식을 다시 돌아보게 되었다. 주변 사람들의 조언도 새겨듣기 시작했다.

"나는 돈에 욕심 없는 사람입니다. 그냥 내가 살 만큼만 있으면 충분합니다."

"돈에 대해 잘못된 인식을 하고 계시군요. 돈을 부정적으로 생각하시면 돈이 따르지 않습니다. 충분한 만큼의 돈이라는 기준도 없잖아요. 그건 잘못된 인식에서 시작된 결과입니다. 그렇게 인식하게 된 기원을 찾아서 바꾸셔야 합니다."

"정말 그럴까요? 제가 경제적으로 어려워지게 된 게 지금 상황 때문이 아니라는 말씀이시네요?"

"그렇습니다. 탈무드에 보면 부자가 되는 방법 중 가장 중요한 것이 돈에 대해 긍정적으로 생각하라는 것입니다. 세계적인 대부호들 중에 왜 유대인들이 많을까요? 그들은 어릴 때부터 돈에 대해 긍정적인 생각을 가지도록 만듭니다. 부모들이 투자 경험도 시켜주면서 말이죠."

"그렇군요. 돈에 대한 생각을 바꾸도록 노력해보겠습니다."

내가 돈에 대한 생각을 바꾸게 된 계기가 있었다. 경제적으로 힘들게 살고 있는 나를 보고 안타까운 마음에 조언을 해준 지인의 덕분이다. 그는 나에게 『탈무드』를 읽어보라고 했다. 유대인들이 부자가 많은 이유를 알게 될 거라고 했다. 『탈무드』는 어느 집에나 한 권 정도는 있는 책이다. 내가 어렸을 때도 우리 집에 한 권 있었던 기억이 난다. 『탈무드』라는 책 제목을 보고 전통 '탈'에 대한 내용일 거라고 생각했다. 막상 책을 펼쳐보니 많은 이야기로 채워져 있었다. 그래서 나는 재밌는 이야기책이라고 생각했었다. 지인의 권유로 마흔에 다시 읽는 탈무드는 어떤 깨달음을 얻을 수 있을지 기대를 하게 되었다.

나는 서점에 들러 '탈무드'가 포함된 책을 찾았다. 정말 많은 종류의 책이 있었다. 그중에서 공병호 작가의 『공병호, 탈무드에서 인생을 만나다』라는 책을 선택했다. 목차를 먼저 살펴보고 유대인들이 부자가 많은 이유와 그들만의 생존 기술을 읽었다.

"우리 몸속의 모든 장기는 심장에 의존하는데, 심장은 지갑에 의존한다."
"돈이 떨어지면 아무도 우리를 존중하지 않을 것이다."「에스겔 주해서」2:4)

유대인 이야기답게 1장의 첫 번째 주제가 '돈'이었다. 그런데 오묘하게 와닿았다. 몇 번 되새기며 읽어보니 참 적확한 표현이 아닐 수 없다. 유대인들은 돈의 본질과 힘을 이해하는 관점이 매우 현실적이다. 이에 대해 공병호 작가는 다음과 같이 말했다.

"돈으로 평가받는 사람의 존재에 회의가 들 수도 있지만, 그것을 돈이 가진 속성이자 위력으로 이해하는 것이 정신 건강에도 좋고 삶에도 도움이 될 것입니다. 너무 솔직한 생각일지 모르지만, 삶은 생존과 성장에 필요한 돈을 구하는 여행길로 이해할 수도 있을 것입니다."

그에 비해 나는 지금까지 돈을 얼마나 경멸하고 무시했던가? 이 대목에서 반성하지 않을 수 없었다. 어린 시절 돈 때문에 아픔을 겪고, 성장해서도 돈 때문에 힘든 시기를 보냈다. 모두가 돈이 없어서 겪게 되는 현실이었다. 지인의 이야기처럼 '내 잠재의식 속에는 돈에 대해 부정적인 감성'이 새겨져 있었다. 이것을 어떻게 하면 벗어날 수 있을까? 어떻게 하면 부자 마인드를 가질 수 있을까?

돈에 대한 생각을 바꾸다

나는 조용히 눈을 감고 명상에 잠겼다. 초등학교 5학년의 나로 시점을 옮겼다. 그리고 빨간 딱지를 붙이는 장면을 떠올렸다. 할머니가 말씀하시는 장면으로 클로즈업시켰다. 그런 후 현재의 나를 등장시켰다. 어린 나에게 현재의 내가 사랑에 찬 눈으로 말했다.

"할머니가 돈 때문이라고 말씀하신 거는 아버지를 이해하라고 말씀하신 거야. 돈이 문제를 만든 게 아니야. 돈은 나쁜 짓을 스스로 하지 않아. 돈은 더러운 게 아니야. 오히려 좋은 일을 많이 할 수 있게 해주는 착한 도구야. 그러니 이제 돈을 미워하지 마."

나는 잠재의식에 새겨져 있는 어린 나에게 돈을 다시 생각할 수 있도록 알려주었다. 어린 나는 할머니가 하시는 말씀의 본질을 알게 되었다. 그리고 '돈 때문에'가 아니라 '돈으로' 할 수 있는 긍정의 생각을 하게 되었다. 천천히 잠재의식에 새겨져 있던 돈에 대한 부정적인 의식을 지우개로 지웠다. 그 자리에는 돈으로 할 수 있는 많은 일들이 채워졌다. 돈은 존중받아야 한다. 돈은 소중하게 다루어야 한다. 돈은 자신을 소중하게 다루는 사람에게 간다. 돈은 우리에게 자유라는 선물을 주는 고마운 존재다. 그러므로 나는 돈을 사랑한다. 나는 돈을 많이 벌어서 좋은 일에 쓰는 부자가 될 것이다.

나는 『탈무드』를 통해 잠재의식에 각인된 돈에 대한 생각을 바꿨다. 이제 돈을 소중하게 다룰 줄 알게 된 것이다. 요즘은 카드를 많이 사용한다. 그래도 항상 지갑 속에는 지폐가 한두 장 있다. 나는 탈무드를 읽고 생각이 바뀌었다고 지인에게 말했다. 그리고 감사하다는 말도 잊지 않았다. 지인은 내게 한 가지 더 소중한 노하우를 알려주었다. 돈을 소중하게 다루려면 돈이 사는 집도 잘 지어야 하지 않겠냐며 장지갑 사용을 권했다. 나는 망설임 없이 바로 장지갑을 사서 돈을 한 방향으로 일정하게 한 다음 고이 넣었다. 왠지 기분이 좋아지면서 돈과 친해진 느낌이 들었다.

나는 유대인들이 부자가 된 이유를 『탈무드』를 통해 깨달았다. 그들에게 특별한 방법이 있었던 것은 아니다. 단지 마인드가 다르고 관점이 달랐을 뿐이다. 그런데 그 두 가지가 생존 기술이었다. 그 생존 기술을 나에게 적용한 것이다. 나는 스스로 놀라운 경험을 하고 있다. 잠재의식이 변하자 현실 의식도 바뀌었다. 『탈무드』라는 수천 년의 지혜를 내 머릿속에 넣고 실천하는 과정은 말 그대로 '창조적 파괴'였다. 돈에 관련된 이야기 말고도 『탈무드』에는 다양한 주제가 담겨 있다. 인간관계, 직업, 투자, 역경, 행복, 성공, 결혼, 부부 등 실생활에 꼭 필요한 삶의 교훈이 결국 유대인의 생존 바이블이 되었던 것이다.

프란츠 카프카, 『변신』,
"돈을 벌지 못하면 벌레가 된다. 그러나 돈을 긍정적으로 보자."

"돈을 많이 벌어 누이동생을 음악학교에 보낼 꿈에 부풀었던 그가 아닌가.
이토록 음악에 감동 받는데 그래도 벌레일까?"

– 벌레로 변한 그레고르가 여동생이 바이올린 연주를 하는 것을 듣고 생각하는 장면

"다음날 아침, 그레고르가 죽었다는 것을 안 가족들은 감사의 성호를 긋는
다. 그리고 봄날 아침의 부드러운 공기 속으로 나가 전차를 타고 야외를 나간
다. 그들은 장래 계획을 얘기하며 이제 딸에게 훌륭한 짝을 찾아 줘야겠다고
생각한다."

– 이 소설 마지막 문장이다. 많은 여운을 남긴다.

프란츠 카프카의 『변신』은 가족 간의 사랑도 돈에 따라 변할 수 있음을
현실적으로 보여준다. 그게 잘못된 것이 아니라 인간 본성임을 인정해야
한다. 그래야 삶의 방향이 보인다. 사회생활도 마찬가지다. 내 주머니에
돈이 있으면 당당해지고 없으면 초라해지는 것이 현실이다. 나는 40대
초반에 힘든 시기를 겪었다. 1억 5천만 원의 빚을 갚느라 아이들 학원비
며 용돈을 챙겨줄 여유가 없었다. 그렇다고 다른 일을 추가로 할 수도 없

었다. 오직 허리띠를 졸라매는 것 외에는 방법이 없었다.

돈이 없는 현실을 부정하면 돈이 밉게 보인다. 돈이 밉게 보이면 돈은 점점 나를 멀리하게 된다. 그래서 나는 생각을 바꿨다. 돈은 내가 훌륭한 일을 할 수 있도록 만드는 고마운 존재다. 그런 돈을 많이 벌고 싶다. 지금은 내가 벌레가 된 느낌이지만 내가 생각을 바꾼 이상 나는 돈으로 훌륭한 일을 하는 사람이 될 것이다. 나는 돈에 대해 긍정적인 주문을 외우며 잠재의식에 각인했다.

그레고르의 여동생과 부모의 행동에서 인간 본성을 발견할 수 있다. 그레고르가 가장으로서 돈을 벌어 동생과 부모를 부양할 때는 그들에게 없으면 안 되는 존재였다. 그러나 그레고르가 벌레로 변해서 과거에 누렸던 혜택을 더 이상 받지 못했을 때 그레고르는 그들에게 없어져야 할 존재가 되었다. '사람이 어떻게 그럴 수 있어?'라고 생각하면 선과 악의 공존을 인정해야 하는 구조에서 어긋나기 시작한다. 나는 선과 악이 같이 존재하는 대상이며 내가 어느 쪽에 많이 가 있는가가 중요하다고 생각하게 되었다.

나는 내 가정에서 어떤 존재인가? 어떤 존재이기를 원하는가? 이제는 그 이전에 '나는 돈을 잘 벌고 있는가?'를 먼저 생각하게 된다. 그게 현실이다. '내 가족은 안 그럴 거야!'라는 생각을 버려야 한다. 그 어려운 이치를 깨달았을 때 가족의 얼굴을 하나하나 들여다보며 내가 그들에게 바라는 마음보다 주고 싶은 마음만 남게 되었다.

4

논어, 기업의 흥망성쇠를 읽는 안목을 주다

"아무리 고생해서 벌어들인 돈이라도
그것이 전부 자기의 것이라는 생각은 커다란 착각이다."

― 시부사와 에이치

부도덕한 기업은 오래 못 간다

"주인인 내가 알지, 머슴이 뭘 압니까?"

"내가 입 열면 많은 사람이 다쳐!"

휠체어 타고 법정에 출두하는 회장님, 전 한보그룹 정태수 회장이 청문회에서 한 말이다. 한보그룹은 엄청난 파문을 일으키며 1997년 최종 부도 처리되었다. 그 여파로 IMF 구제 금융이라는 대한민국 경제사에 오점을 남기게 되었다. 그는 회사 임원마저도 머슴으로 생각하는 기업가였다. 돈으로 안 되는 것이 없다는 신념을 가지고 정·관계 로비를 통해 부당 이익을 챙겼다. 실제 그가 입을 열어서 많은 정치인이 낙마하고 구속되는 해프닝까지 벌어졌다. 결국 본인은 15년 형을 선고 받았다. 그는 복역 중 병 치료를 위한 석방 기간을 이용해 해외로 도주했다. 그리고 2018년 해외에서 사망했다. 20년 전 위세 당당하던 기업가가 해외를 떠돌며 도피하다가 한 줌의 재로 돌아왔다. 나는 뉴스를 보면서 우리나라에는 왜 존경받는 기업가가 없을까를 생각했다. 한국전쟁 이후 급속 경제 성장으로 '한강의 기적'을 만들어 낸 자부심이 씁쓸함으로 변하는 느낌이었다. 급속 성장 이면에 감추어진 수많은 상처 중에 하나라는 생각이 들었다. 어느 날 공자가 두서너 명의 제자에게 포부를 물었다. 그러자 자로가 가장 먼저 자신 있게 대답했다.

"만약 제가 나라를 다스리게 된다면 금방 그 나라를 평안하게 통치하겠습니다."

그 말을 듣고 공자가 크게 웃었다. 제자들이 돌아간 후 증석이라는 제자가 공자에게 물었다.

"스승님은 자로의 대답을 듣자마자 왜 크게 웃으셨는지요?"
"나라를 다스리려면 가장 먼저 예의를 중시해야 한다. 그런데 자로의 말이 겸손하지 못하여 웃었다(爲國以禮, 其言不讓, 是故哂之, 위국이예, 기언불양, 시고서지)."

공자는 한 나라를 다스리는 데에도 예의를 중시하라고 했다. 하물며 기업을 운영하는 리더는 말해 무엇 하겠는가? 회사의 구성원을 예의로 존중하지 않고 스스로 도덕적이지 못하면 결과적으로 실패하고 만다.

역사 속의 노블레스 오블리주를 실천한 부자들

몇 년 전 TV에서 방영된 드라마 한 편이 생각났다. 조선시대 제주도에서 장사로 큰돈을 번 여성 갑부 김만덕(1739~1812)의 일생을 다룬 드라마 〈거상 김만덕〉이었다. 인터넷 검색 〈다음 백과〉에는 김만덕에 대해 다음과 같이 소개하고 있다.

"김만덕은 아버지 김응열과 어머니 고씨 사이에서 2남 1녀 고명딸로 태어났다. 어린 나이에 부모와 사별하고 11살에 기적에 오르게 되었다. 그러나 제주 목사에게 찾아가 부모를 잃고 가난으로 기녀가 된 것을 호소했다. 그 후 기녀 명단에서 삭제되고 양녀로 환원되었다. 김만덕은 객주 집을 차리고 제주 특산물을 서울 등지에 팔아 큰 부자가 되었다. 1790년부터 1794년까지 제주에 흉년이 들어 사람들이 기아에 허덕이게 되었다. 김만덕은 육지에서 곡물을 사들여 사람들에게 나눠주는 한편 관가에도 보내어 구호곡으로 쓰게 하였다. 이러한 선행으로 정조는 김만덕에게 내의원 의녀반수 직을 제수하였다."

소설가 이수광이 쓴 『조선부자 16인의 이야기』에는 김만덕을 포함한 조선시대 나눔의 부를 실천한 16인의 이야기가 실려 있다. 사방 백리 안에 굶주린 사람을 없게 한 경주 최씨 부자, 죽을 때 빚 문서를 모두 태워 가난한 사람들의 빚을 면제해준 부자 역관 변승업, 자연재해와 극심한 흉년에 전 재산을 털어 백성을 구휼한 거상 임상옥, 북벌과 독립운동에 번 돈을 아낌없이 희사한 김근행과 최재형. 이들은 하나같이 나눔의 부를 실천했다. 대부분의 사람들이 부를 재물을 쌓는 것 또는 재물을 부풀리는 것으로만 생각한다. 그러나 조선시대 부자 16인은 여기에서 생각이 멈추지 않았다. 그들은 한 발 더 나아가 나눔이야말로 부를 완성시키는 것으로 보았다. 부자들이 가져야 할 최고의 도덕적 의무라고 생각했다.

공자는 '군자는 의에 밝지만 소인은 이익에 밝다(君子喩於義, 小人喩於利).' 라고 말했다. 『논어』 '이인 제16장'에 나오는 구절이다. 공자가 활동하던 당시에는 군자와 소인은 신분을 나타내는 의미였다. 이후 도덕적인 사람이냐 비도덕적인 사람이냐의 기준으로 전이되었다. 오늘날의 기업도 오너의 도덕성은 기업의 존폐를 가늠할 정도로 중요한 요소이다. '땅콩회항 사건', '오너 일가의 갑질 사건', '대통령이 연루된 비선실세 사건' 등 대한민국을 떠들썩하게 하는 뉴스를 보면서 생각했다. 부도덕의 가면은 언젠가는 벗겨진다. 이제라도 도덕적 가치를 존중하고 '노블레스 오블리주'를 실천하기를 바란다.

나눔을 실천하는 행복한 부자

우리 주변에는 보이지 않게 선한 영향력을 주는 사람들도 있다. ㈜한샤인인터내셔널의 김호용 회장은 나눔을 실천하는 행복한 부자다. 특히 장학 사업에 남다른 애착을 가지고 실천하고 있다. 초, 중, 고, 대학교에 각각 장학 기금을 조성해서 매년 두 차례씩 형편이 어려운 학생들에게 장학금을 지급하고 있다. 최근에는 거창군 공무원 자녀들에게도 장학금을 지급하면서 점점 혜택을 늘려가고 있다. 그는 가난 때문에 어렵게 공부했던 학창시절을 떠올리면서 결심했다고 한다. '내가 돈을 많이 벌면 나처럼 어려운 학생들에게 장학금을 꼭 주겠다.' 그리고 자수성가한 사업가가 되자 평소 생각해왔던 장학 사업을 하나둘씩 시작해나갔다.

김호용 회장은 자신의 장학 사업에 대해 오히려 얻은 게 많다며 겸손하게 말했다.

"장학 사업을 시작하자 아들, 딸이 아빠를 자랑스러워했어요. 지금은 손주들까지 할아버지를 본받고 싶다고 하고요. 내가 나눈 거에 비해 오히려 얻은 게 더 많은 거 같습니다."

19세기 후반 일본 자본주의의 기틀을 만든 시부사와 에이치가 쓴『논어와 주판』이라는 책이 있다. 저자는 공자의 경제 사상을 다음과 같이 정리하고 있다.

"아무리 고생해서 벌어들인 돈이라도 그것이 전부 자기의 것이라는 생각은 커다란 착각이다. 사람은 누구라도 혼자서는 아무 활동도 할 수 없는 존재다. 국가와 사회의 도움을 받아야만 이익을 얻고 안전하게 생활한다. 만약 국가와 사회가 없다면 아무도 이 세상에서 만족스럽게 생활하지 못할 것이다. 부를 축적하면 축적할수록 그만큼 사회의 도움을 받았다는 증거다. 이러한 은혜에 보답하기 위한 사회 공헌 사업은 당연한 의무이고 부자들은 최대한 사회를 위해 힘써야 한다."

19세기 말 일본에서는 메이지 유신을 통해 혁신의 바람이 불고 있었다. 저자는 공자의 경제 사상을 접목하여 일본 자본주의의 기틀을 마련했다. 그는 공자의 경제 사상이 인과 의만을 강조한 것이 아니라고 주장했다. 특히 경제적 부에 대해 공자 역시 정당한 방법으로 부를 축적하는 것을 긍정적으로 평가했다고 설명했다. 그리고 부자들에게 '노블레스 오블리주'의 정신을 강조했다.

기업의 흥망성쇠는 여러 가지 요인이 작용한다. 결정적인 요인은 리더의 자질에 달려 있다. 리더가 어떤 사람이냐에 따라 기업의 진로나 방향이 결정되기 때문이다. 도덕적으로 문제가 많은 사람은 부하 직원들의 존경과 지지를 받을 수 없다. 그러나 우리 현실은 아직도 갑질이 횡행하고 개인의 사리사욕을 위해 불법이 자행되고 있다. 그것도 모범을 보여야 할 대기업의 오너 일가에서 말이다. 하지만 드러나지 않는 곳에서 묵묵히 '노블레스 오블리주'를 실천하고 있는 리더들도 많이 있다. 기업을 책임지는 리더는 논어에 나오는 공자의 관점을 가져야 할 필요가 있다. 그것은 기업의 흥망성쇠를 읽는 안목이 되기 때문이다.

역사를 알면 시대의 흐름을 읽을 수 있다

"경쟁자만 바라본다면, 경쟁자가 무언가 새로운 것을 할 때까지 기다려야 한다.
고객에 집중하면 보다 선구자가 될 것이다."

― 제프 베조스 ―

일본의 리더십이 한국을 괴롭히는 역사적 이유

"한국이 역사를 바꿔 쓰고 싶다고 생각한다면 그런 것은 불가능하다."

2019년 8월 27일, 일본 외무상 고노 다로의 발언이다. 일본의 경제 보복으로 경색된 한·일 관계에서 상호 비방과 자존심을 건드리는 싸움이 시작되었다. 나는 이 문제를 인문고전의 관점에서 바라보았다. 318년 후 우리 후손들은 어떤 관점에서 이 문제를 이야기할 것인가? 그들은 어떤 상태에서 어떻게 이 문제에 역사적 의의를 부여할 것인가?

비슷한 과거의 역사를 살펴보자. 1592년 5월 23일, 임진왜란이 발발했다. 427년이 지난 지금의 우리는 당시의 역사 자료를 통해 임진왜란을 바라본다. 그리고 일본 내부의 사정과 조선의 상황, 그리고 명나라 등 주변국의 상황을 개관할 수 있다.

다시 2019년으로 돌아와서 살펴보자. 임진왜란과 한·일 경제 전쟁에서 일본은 공통점이 있다. 전국시대를 통일한 일본의 토요토미 히데요시는 내부 통합을 위해 조선을 침략했다. 아베 총리는 정권 연장의 내적 목적으로 한국을 향해 경제 보복을 선언했다. 한국의 상황을 보면 그때나 지금이나 일본보다 힘이 약하다는 공통점이 있다.

이후 진행되는 역사의 방향은 임진왜란 이후의 조선 역사와 일본사를 보면 된다. 1867년 일본은 메이지 유신을 통해 근대 사회로 발 빠르게 진입했다. 조선은 쇄국정책으로 인해 근대 국가로 발돋움하지 못했다. 임진왜란이 발발한 지 정확하게 318년 후인 1910년 대한제국은 일본의 식민지가 되었다. 2019년 현재로부터 318년 후인 2337년의 우리 후손들은 오늘의 우리를 어떻게 평가할 것인가? 역사는 되풀이된다고 했다. 되풀이 되는 역사의 피해자가 되지 않아야 한다. 그러기 위해서는 시대의 흐름을 읽어내는 역사적 통찰이 필요하다. 그것이 인문고전에서 역사를 공부하는 이유이기도 하다.

임진왜란이 일어나기 전까지 일본은 조선보다 문화적, 경제적으로 뒤떨어진 국가였다. 일본이 강국으로 성장한 데는 서양의 역할이 있었다. 16세기 포르투갈이 일본에 진출하여 전해준 무기가 있었는데 바로 '조총'이었다. '하늘을 나는 새를 쏘아 맞혀서 떨어뜨릴 수 있다'는 의미에서 붙여진 이름이다. 처음 조총이 전투에서 사용될 때에는 한 발 쏘고 다시 장전하는 데 시간이 많이 걸렸다. 그 사이 활은 15발이나 쏠 수 있었다. 이후 오다 노부나가가 나가시노 전투에서 사수들이 여러 열을 만들어 '연속 발사' 방식으로 전투를 했다. 그리고 임진왜란에서 이 방식이 사용되었다. 조선군은 처음 보는 무기와 전투 방식에 속수무책이었다.

19세기 말 일본은 서양의 개항 요구에 처음에는 저항하다가 받아들이게 된다. 그리고 서양의 앞선 문물을 따라잡기 위해 노력한다. 20년 후 일본은 서양이 그들에게 한 방식으로 조선을 압박한다. 조선은 세계사의 흐름을 제대로 파악하지 못했다. 일부 역사가들은 세계사의 흐름을 제대로 파악했다고 주장한다. 단지 왕조 체제를 유지하기 위해 쇄국정책을 폈다는 것이다. 누구의 주장이 옳고 그름은 사실 큰 의미가 없다. 역사가 그 답을 대신 해주기 때문이다. 임진왜란 당시 조총으로 강국이 된 일본, 19세기 말의 메이지 유신으로 강국이 된 일본. 일본이 강국으로 되는 길에는 꼭 서양의 도움이 있었다. 이런 역사적 관점에서 바라보면 2019년 한·일 경제 전쟁의 변수와 예상되는 전개 방향을 통찰할 수 있을 것이다.

동·서양 역사를 비교해보면 시대의 흐름이 보인다

세계사를 보면 힘의 중심이 동양에서 서양으로 넘어가는 역사적 시점이 있었다. 중국 명나라 환관 정화(1371~1433)의 원정대가 원정을 중지한 시점을 그때로 보는 견해다. 역사의 헤게모니 이동을 정확한 시점으로 말하기는 어렵다. 대략 그 사건을 중심으로 세계사의 흐름이 바뀌었다고 보는 것이 타당할 것이다.

1402년 명나라의 3대 황제에 즉위한 영락제는 환관 정화를 부른다. 그리고 그에게 서역으로 가는 바닷길을 개척하라고 명령한다. 당시 비단길은 강성한 티무르 제국이 막고 있었다. 명나라를 개국한 지 얼마 되지 않는 시기인 만큼 황제는 위세를 과시하고 싶었다. 1405년 정화 원정대가 출정했다. 대함선 62척, 선원과 학자, 군인, 통역사 등을 포함해 2만 7천여 명의 엄청난 규모였다. 원정단은 2년 4개월 동안 지금의 캄보디아, 태국, 자바 섬, 수마트라 섬, 실론, 인도의 캘리컷, 페르시아의 호르무즈, 아라비아의 아덴, 소말리아의 모가디슈, 케냐의 몸바사에 이르기까지 항해했다. 이후 1433년까지 28년 동안 7차례나 항해를 했다.

동양의 정화 원정대는 서양의 콜롬부스 원정대와 목적이 달랐다. 정화 원정대는 목적 자체가 식민지 개척이 아니라 명나라의 위세를 떨치는 것이었다. 따라서 원정대에 호의적인 나라에 대해서는 명나라 황제의 선물을 제공하면서 호의를 베풀었다. 동·서양 원정대의 이런 차이점에 김경집 작가는 『생각의 융합』이라는 책에서 이렇게 말하고 있다.

"유럽인과 중국인의 항해 목적이 확연히 달랐다는 점을 생각해봐야 한다. 유럽인들은 경제적 목적을 가졌지만 중국인들은 정치적 목적을 가졌으며, 유럽인들이 상대를 알기 위해 탐험·조사하며 기록한 데 반해, 중국인들은 자국의 위력을 과시하기 위해 대규모 항해에 나섰다는 점이다.(중략) 이러한 시각과 의도의 차이는 결국 근대 들어와 서양과 동양의 세력 역전이라는 결과를 낳게 된다."

중국은 자신들이 세계의 중심이라는 중화사상이 강한 나라이다. 그래서 과시하기를 좋아한다. 다분히 정치적인 성향이 강하다. 그에 반해 서양은 경제적이다. 그래서 원정대가 개척한 땅을 식민지로 만들고 주민들을 잡아가 노예로 만들었다. 이렇게 동서양의 역사를 비교하고 융합하는 관점으로 보면 그 시대가 세계사의 흐름에 어떤 영향을 끼쳤는지 통찰할 수 있다.

1970년대 미국의 '달 탐사 프로젝트'는 케네디 대통령의 정치적인 목적인가? 상업적인 목적인가? 당시의 시대 상황을 보면 소련의 우주 개발에 비해 미국이 뒤처지는 듯했다. 그래서 정치적인 목적이 강했다고 볼 수 있다. 그러나 미국은 중국의 정치적 목적과는 달랐다. 정치적 자존감을 세움과 동시에 과학적 기술의 성과를 경제에 반영했다. 이것이 융합 능력이다. 미국은 군사기술과 우주 개발 기술을 생활에 접목하는 방식으로 인류 발전을 선도해왔다.

아프가니스탄 파병 준비단에서 지역 연구를 하던 때에 읽었던 역사가 있다. 아프가니스탄은 과거 동·서양을 잇는 비단길에 위치한 나라다. 현재 미국이 주도하는 아프가니스탄 전쟁 이전에 소련과의 전쟁이 있었다. 1979년 소련은 탱크와 전투기, 폭격기를 앞세워 아프가니스탄을 침공했다. 그 이전의 역사를 보면 칭기즈칸의 군대와도 전쟁을 했다. 나는 동양과 서양이 아프가니스탄을 대상으로 한 전쟁에서 특별한 점을 발견했다. 한 개의 전쟁사만 보면 특별한 점을 발견하기 어렵다. 그런데 3개의 전쟁사를 융합해서 보면 공통점을 찾을 수 있었다.

예전이나 지금이나 아프가니스탄 군대의 전략·전술은 산악 게릴라전이었다. 도시나 평지에서는 최첨단 무기에 밀려서 전투를 이길 수 없었다. 그러나 산악은 달랐다. 그들은 산악 게릴라 전술을 통해 칭기즈칸의 군대에게 첫 패배를 안겨주었다. 소련군에게도 끊임없이 산악 게릴라전으로 괴롭혔다. 결국 소련은 아프가니스탄 완전 정복은 불가능하다며 철수했다. 미군을 중심으로 한 동맹군도 국토의 대부분을 통제하고 있지만 탈레반의 게릴라전에 힘겨워하고 있다. 한국군이 가서도 마찬가지 일 거라고 생각했고 그 우려는 현지에서 적중했다. 우리는 탈레반의 게릴라식 공격에 12번을 시달려야 했다. 그러나 이러한 융합적 사고의 분석과 대비를 통해 한 명의 사상자도 없이 무사히 임무를 마칠 수 있었다.

앞에서 살펴본 바와 같이 동서양의 역사를 융합해서 분석하면 시대의 흐름을 통찰할 수 있다. 이것이 우리가 역사를 공부하는 이유라고 할 수 있다. 단순히 과거의 사실을 아는 것이 아니라 과거를 통해 현재를 보며 미래를 예측하는 통찰의 눈을 가져야 한다.

우리는 현재 시점에서 일본과 한국의 상황을 분석할 수 있다. 과거의 역사를 다시 쓸 수는 없다. 하지만 그 역사의 아픔을 뼈저리게 알기 때문에 두 번 다시 당하지는 않아야 한다. 분석과 통찰은 냉정해야 한다. 감정의 문제로 풀어서도 안 된다. 정화 원정대처럼 정치적 위세에 치우쳐도 안 된다. 역사는 새로운 변수에 의해서 그 흐름을 바꾸어왔다. 그 변수가 무엇이 될 것인가를 파악하고 대처하는 게 중요하다.

6

자기계발서 독서와 인문고전 독서의 차이

"많은 공부와 지식이 곧 지혜로 연결되는 것은 아니다."

― 헤라클레이토스 ―

복사기의 한계는 복사만 한다는 것이다

"삼촌, 무슨 책 읽어요?"

"응. 하버드에서 최고 명 강의로 유명한 마이클 샌델 교수의 『정의란 무엇인가』라는 책이야. 생각을 많이 하게 해주는 책이란다. 삼촌이 아프가니스탄에 있을 때 미군 이야기가 사례로 나오기도 하고."

"그 책 다 보면 빌려주세요."

"그래, 그럴게. 생각하는 데 도움이 될 거야."

미국에서 대학을 졸업하고 국내 로스쿨을 준비 중이던 조카가 집에 놀러 왔다. 오랜만에 얼굴을 보니 너무 반가웠다. 어릴 적부터 책을 좋아하고 토론하기를 즐기던 아이였다. 역시 관심사는 책이었다. 나는 마이클 샌델 교수의 『정의란 무엇인가』라는 책을 읽고 있었다. 조카는 미국에 있을 때 마이클 샌델 교수의 명성은 익히 들어서 알고 있었다고 했다. 그 교수의 책을 읽고 있으니 신기해하며 자기도 읽어보겠다고 했다.

몇 개월 후 조카로부터 연락이 왔다. 밝은 목소리로 로스쿨에 합격했다고 했다. 그런데 나한테 고맙다고 해서 무슨 말이냐고 물었다. 조카는 면접시험에서 최근에 가장 감명 깊게 읽은 책이 있으면 말해보라는 질문을 받았다고 했다. 그래서 『정의란 무엇인가』라는 책이라고 말하고 책 속의 사례와 자신이 생각하는 정의에 대해 말했다고 한다. 그러자 교수들의 추가 질문이 이어졌고 조카의 특기인 독서 토론이 되었다고 한다. 그래서 좋은 점수를 받았다고 했다. 당시 마이클 샌델 교수는 한국 대학생들에게 유명했다. 책 내용이 다소 어려워서 읽었다고는 하는데 내 생각으로 정리하기는 조금 어려운 책이었다.

"친구야! 오랜만이다. 여전히 책을 좋아하는구나! 요즘 무슨 책 읽고 있어?"

"응, 그래 반갑다. 요즘은 자기 계발 책을 읽는데 습관에 관한 책이야."

"습관? 그거 중요하지. 제목이 뭐야?"

"어, 일본에서 '심리 테라피'라는 코칭으로 유명한 작가인데 이시다 히사쓰구의 『3개의 소원 100일의 기적』이라는 책이야."

"아, 지난 번 페이스북에 올렸던 소원 쓰기 그 사진이 이 책을 보고 한 거구나!"

"그래, 맞아. 이 책을 읽으면서 나도 한번 해봐야겠다고 생각하고 실천하는 중이야."

고등학교 동창인 B는 가끔 내 사무실에 들러서 이런저런 이야기를 나누는 친구다. 책을 좋아하는 친구라 책 이야기부터 살아가는 이야기, 꿈 이야기 등 대화가 통하는 친구다. 당시 나는 생활 습관에 변화를 주고 싶었다. 작은 것이라도 내가 생각하는 일들을 생활 속에서 이루어나가는 습관을 만들어야겠다고 생각했다. 그래서 이시다 히사쓰구의 『3개의 소원 100일의 기적』이라는 책으로 실천을 하고 있었다. 핵심 내용은 매일 3개의 소원을 3번 씩 100일 동안 쓰면 100일 후에는 그 소원이 이루어진다는 것이다. 첫 번째 시도에서 3개의 소원 중 2개가 이루어지는 기적을 보았다. 두 번째 시도에서도 2개를 이루었다.

나는 왜 매번 소원 세 개 중에 두 개만 이루어지고 한 개는 이루지 못하는 것일까? 생각을 해보았다. 아무리 생각해도 똑같은 방법으로 매일 쓰고 상상하고 노력한다. 그런데 꼭 하나만 실패하는 원인이 무엇일까? 내가 찾은 답은 정신에 있었다. 단순 반복의 실천을 요구하는 노력만으로도 되는 게 있고 정신의 토대를 제대로 세우지 않으면 안되는 게 있었다. 책 속의 저자를 따라 하기만 하면 같은 결과가 나올 것이라는 생각 자체가 잘못이었다. 저자의 상황과 나의 상황이 엄연히 다른데 복사기로 복사하듯이 같은 성과를 기대하면 안 된다.

지식은 지혜가 될 때 가치가 부여된다

자기 계발 도서를 읽고 실천할 때 나의 상황에 맞게 재구성하는 지혜가 필요하다. 이때부터는 인문고전의 영역이라고 할 수 있다. 생각을 해야 하기 때문이다. 그것도 나 자신을 제대로 알 수 있도록 생각해야 한다. 그래야 나에게 가장 적합한 상황을 재구성할 수 있다. 나를 이해하고 알아 가는 첫 걸음은 철학에서 시작된다. 나는 누구인가? 나는 어떻게 살 것인가? 이 두 가지 질문에 답할 준비가 되어 있는가? 만약 준비되어 있지 않다면 자기 계발은 목적지 없이 떠도는 항해와 같게 된다.

자기 계발 도서 100권을 읽고 실천 전문가가 되어 있는 A라는 친구가 있다. 그리고 인문고전 도서 100권을 읽고 생각 전문가가 되어 있는 B라는 친구가 있다. 과연 두 친구는 누가 더 성공적인 인생을 살게 될 것인가? 경제 사회 구조를 보면 명확하다. 실천이 요구되는 영역은 현장이다. 생각과 아이디어가 요구되는 영역은 경영이다. 누가 더 성공의 영역에서 활동할 가능성이 높은가? 현장의 실천 영역을 무시하는 게 아니다. 자기 계발 독서와 인문고전 독서의 차이를 말하는 것이다.

이번에는 자기 계발 도서 50권을 읽고 인문고전 도서 50권을 읽은 C라는 친구가 있다. C의 성공 확률은 A, B보다 높을까? 나는 당연히 C가 가장 이상적인 독서를 하는 모델이라고 생각한다. 경영과 현장을 연결하는 사고를 가진 사람이 될 것이기 때문이다. 한쪽에만 치우친 독서는 영양의 불균형을 초래한다. 그래서 나는 생활 속에서 인문고전을 실천하는 독서가 필요하다고 생각한다.

독서를 하면서 어떤 분야에 자기만의 생각을 가진다는 것은 쉽지 않은 일이다. 그래서 생각하는 법을 키워주는 독서를 많이 해야 한다. 여기에는 인문학이 답이다. 특히 인문고전을 통해 수천 년을 살아남은 지혜를 나의 생각으로 바꾸는 것이 좋은 방법이다. 하지만 이것으로는 부족하다. 생각만 하고 실천하지 않는다면 아무런 성과를 낼 수도 없게 된다. 그래서 나는 인문고전으로 생각하고 자기 계발 도서로 실천하라는 이야기를 하고 싶다.

다산 정약용은 철학자이자 공학자였다. 그의 철학은 500여 권의 책에 담겨 있고, 공학 기술은 화성 건축과 거중기라는 걸작으로 남아 있다. 레오나르도 다빈치 역시 예술가이자 발명가, 공학자였다. 그들은 인문학과 기술을 융합한 천재였다. 독서로 비유하면 인문고전 독서와 자기 계발 독서를 병행한 최고의 천재라고 할 수 있다.

빌게이츠, 스티브 잡스, 마크 주커버그, 그들이 세상을 바꾸는 일류 기업을 만들어 낸 비결도 결국은 인문학과 기술을 연결하는 융합적 사고가 가능했기 때문이다. 그들은 인문고전 독서만 한 것이 아니다. 기술적인 연구에서도 전문가였다. 그래서 인문학이 기술을 선도하는 시스템을 구축하고 아이디어와 기술적 뒷받침으로 혁신을 만들어낼 수 있었다.

다시 앞에서 이야기한 마이클 샌델의 『정의란 무엇인가』라는 책으로 가보자. 이 책에는 '아프가니스탄의 염소치기'라는 실화가 나온다. 미군 특수부대 실(SEAL) 소속 4명의 특수 요원이 작전 중에 아프가니스탄 농부 2명을 만난다. 농부 중 한 명은 열네 살가량의 남자아이였다. 모두 무장하지 않은 사람들이었다. 실(SEAL)의 팀장인 마커스 루트렐 하사는 고민한다. 이들을 죽일 것인가? 아니면 살려주고 자신들이 위험에 처할 것인가? 결국 양심에 따라 살려준다. 그리고 한 시간 반쯤 지나 탈레반 100여 명이 그들을 포위하고 총격전이 벌어진다. 실(SEAL) 대원 3명이 전사한다. 그들을 구출하려고 투입된 헬기마저 격추되어 타고 있던 16명이 전사한다. 나는 이 실화에서 생각의 영역(양심=인문고전 독서)과 실천(전장 행동 지침=자기계발 독서)의 영역을 구분해서 보았다. 생각의 영역으로 너무 치우치면 어떤 결과(전사 19명)를 초래하는지를 본 것이다.

우리가 하는 독서도 마찬가지다. 자기 계발 독서와 인문고전 독서의 차이점은 명확하다. 자기 계발 독서는 생활 속에서 실천하는 습관의 영역이다. 인문고전 독서는 생각하는 힘을 길러 주는 정신의 영역이다. 생각하는 정신의 영역이 우선되고 이어서 실천하는 영역이 따라가는 모습이 이상적이다. 경계해야 할 점은 한쪽에 치우치는 독서를 하면 안 된다는 것이다. 양심만 생각하고 합리적인 결과를 예측 못 하면 19명의 전사자가 발생되는 결정을 하게 되는 것이다. 때로는 수많은 고민의 결과로 만들어진 전장 행동 지침대로 조건 반사적인 실천을 할 수 있어야 한다는 이야기다. 이것이 차이를 극복하고 균형적인 독서를 해야 하는 이유다.

니코스 카잔차키스, 『그리스인 조르바』,
"나는 자유를 꿈꾼다."

"두목! 어느 날 나는 조그만 마을로 갔습니다. 아흔을 넘긴 듯 한 할아버지 한 분이 바삐 아몬드 나무를 심고 있더군요. 그래서 내가 물었지요. 아니, 할 아버지! 아몬드 나무를 심고 계시잖아요? 그랬더니 허리가 꼬부라진 이 할아 버지가 고개를 돌리며, 오냐 나는 죽지 않을 것처럼 산단다. 그래서 내가 대꾸 했죠. 저는 금방 죽을 것처럼 사는데요. 자, 누가 맞을까요? 두목."

– 조르바의 인생관을 정리하는 한 문장

"누군지는 모르지만 이 자 역시 먹고 마시고 사랑하고 두려워한다. 이 자 속 에도 하느님과 악마가 있고, 때가 되면 뻗어 땅 밑에 널빤지처럼 꼿꼿하게 눕 고, 구더기 밥이 된다. 불쌍한 것! 우리는 모두 한 형제간이지, 모두가 구더기 밥이니까!"

– 조르바는 사람에 대한 인식 기준이 나이가 들수록 변해간다. 마지막 인식 기준이다.

"귀머거리 집 대문을 평생 두드려봤자지!"

– 조르바가 나를 흘기며 경멸하듯이 미소 지으며 중얼거리는 문장

"용기! 빌어먹을! 모험! 올 테면 오라! 죽기 아니면 까무러치기!"

– 조르바가 산투르를 치면서 부르는 노래 가사

니코스 카잔차키스의 『그리스인 조르바』는 내 인생관을 자유롭게 바꿔준 소설이다. 참 많은 문장을 건진 명작이다. 그 중에서 내가 가장 많이 생각하고 나 자신을 진단하게 만든 문장들이 위의 4개이다. 나는 죽지 않을 것처럼 사는가? 아니면 금방이라도 죽을 것처럼 사는가? 사람은 모두 죽는다. 그런데 죽지 않을 것처럼 산다. 죽음을 인식하고 산다면 헛되이 보내는 시간이 없을 것이다. 그런데도 시간을 낭비하는 것은 죽지 않을 것처럼 살기 때문이다. '누가 맞을까요? 두목.' 내가 내린 결론은 이것이다. '젊을 때는 금방 죽을 것처럼 시간을 아끼며 살아라, 나이가 들면 죽지 않을 것처럼 계속 희망을 품으면서 살아라.'

삶과 죽음, 젊음과 늙음, 그리고 현재의 나, 소중한 내 인생을 어떻게 살 것인가? 죽으면 땅 밑에 널빤지처럼 꼿꼿하게 눕고 구더기 밥이 된다. 모든 사람들이 비로소 평등하게 되는 결말이다. 귀하고 천하고, 부유하고 가난하고, 젊고 늙고, 남자와 여자 등 차이를 만들던 모든 기준이 구더기 밥으로, 한 줌의 재로 공평해지는 이치다. 사람을 보는 인식이 달라져야 한다. 차별 없는 세상을 만들어야 한다. 모두가 소중한 사람이다.

세 번째 문장은 나의 책 읽는 습관을 반성하게 만든 문장이다. 다독 위주의 독서 습관을 생각하는 독서로 바꿔 주었다. 생각이 부족한 독서는 귀머거리 집 대문을 평생 두드리는 것과 같다는 깨달음을 얻었다. 네 번째 문장은 이것저것 재느라 시도도 못하고 포기하는 나에게 도전 정신을 다시금 일깨워 준 문장이었다. 일단 도전하면 성장할 수 있는 뭐가 나온다. 그러면 분석하고 다시 도전하면 된다. 이런 실천의 연속이 성공에 이르게 되는 이치다. 마흔 중반에 비로소 그 이치를 깨달았다.

7

창조적 관점은 인문고전에서 나온다

"좋은 아이디어를 얻는 최선의 방법은 많이 생각하는 것이다."

― 라이너스 폴링 ―

세계 컴퓨터 시장의 흐름을 읽다.

"뉴욕에서 유학하던 때였어요. 거리에서 커다란 광고판을 보았는데, 피카소 얼굴이 전부였어요. 그리고 슬로건인 'Think Different'와 애플 로고는 조그맣게 달려 있었죠. 저는 이 광고를 보고 창의적인 피카소의 이미지가 떠올랐고 그것이 애플사로 전이되었어요. 그러면서 이런 생각이 드는 겁니다. 나라면 카피를 한두 줄 더 넣었을지도 모르겠다. 그런데 넣지 않은 저 상태가 완벽하다."

인문학적인 관점으로 창의적인 광고를 하는 크리에이티브 디렉터 박웅현이 뉴욕에서 애플 광고를 보고 한 말이다. 세계 최고 기업의 광고는 어떻게 다른가? 라는 생각으로 다시 그의 말을 읽어보고 또 읽어보았다. 그리고 나만의 생각을 하기 시작했다.

창조적 관점은 어디에서 나오는 것일까? 피카소의 창의적인 이미지를 회사 이미지와 연결시키는 저런 창의력은 어디서 배운 것일까? 애플의 'Think Different'는 어떻게 나오게 되었을까? 나는 계속 질문을 했다. 얼마 후 나는 그 답을 어렵잖게 찾을 수 있었다. 자기 계발과 인문학 프로젝트를 진행하는 이지성 작가의 『생각하는 인문학』에 내 질문에 가장 적합한 답이 있었다. 그의 책에 보면 IBM의 토머스 J. 왓슨, 마이크로소프트의 빌 게이츠, 애플사의 스티브 잡스 등 세계 일류 기업 창업자들의 생각의 기원을 분석한 자료가 있다. 각 회사들의 성공 전략 모토를 분석한 내용인데 요약하면 다음과 같다.

"IBM의 창업자인 토머스 J. 왓슨이 'Think'를 사훈으로 내걸지 않았다면 오늘날의 IBM은 존재할 수 없었을 것이다. 지난 100년 동안 4만 배 넘는 주가 상승이라는 IBM의 기적 뒤에는 'Think'가 있었다. 그리고 특허가 5,900여 개에 달하는 세계 최다 특허 보유 기업, 직원 가운데 노벨상 수상자를 5명이나 배출한 세계에서 가장 창조적인 기업, 〈포춘〉 선정 세계에서 가장 존경받는 기업이라는 빛나는 타이틀들 뒤에도 역시 'Think'가 있었다."

토머스 J. 왓슨은 모든 임직원 사무실과 공장 작업실, 회의실, 휴게실을 표어 'Think!'로 도배하다시피 했고, 회사 현관 입구에는 아예 놋쇠로 만든 'Think' 다섯 글자를 박아 넣었다. 그는 'Think'하면서 일어났고, 'Think'하면서 출근했으며 'Think'하면서 하루 업무를 시작했다. 그리고 잠들기 전 까지 'Think'했다. 'Think'는 삶의 전부나 마찬가지였다. 얼마 안 되어 IBM은 미국 최고의 'Think'기업이 되었다. 사람들은 'Think'라는 단어를 접하면 바로 IBM을 떠올릴 정도였다. 그리고 12년 후 IBM은 세계 일류 기업이 되었다.

"마이크로소프트의 놀라운 성과들은 전부 'Think Week'를 통해 이루어졌다. 나는 마이크로소프트를 이끌 때 경쟁 기업들을 전혀 두려워하지 않았다. 하지만 언제나 그들의 새로운 'Think'를 두려워했다. 내가 마이크로소프트를 떠나고 가장 먼저 했던 일은 'Think Tank'회사인 bgC3를 설립하는 것이었다. 우리 집과 마이크로소프트 본사에서 차로 5분 거리에 있는 이 회사의 주 업무는 사회, 과학, 기술 등의 문제에 광범위한 'Think'를 제공하는 것이다. 과거에 나는 고요한 숲속 통나무집에서만 'Think Week'를 보냈다. 하지만 지금은 언제 어디서나 나만의 'Think Week'를 누린다."

빌 게이츠는 'Think'하는 IBM을 뛰어 넘기 위해 'Think Week', 즉 IBM보다 더 많이, 더 깊이, 더 넓게, 더 치열하게 'Think'했다. 그리고 얼마

뒤 그는 그의 야심대로 IBM을 꺾고 세계 최고의 자리에 올랐다.

"빌 게이츠가 'Think Week'를 통해 컴퓨터 기업의 역사를 새롭게 써 나가고 있을 때 이를 비웃는 한 사람이 있었다. 그가 볼 때 중요한 것은 'Think'나 'Think Week'가 아니었다. 중요한 것은 'Think Different'였다. 'Think Different'는 그로 하여금 컴퓨터를 전혀 다른 관점에서 보게 했 다. 지구상의 다른 모든 컴퓨터 기업은 컴퓨터를 사무기기로만 인식하 고 있었다. 하지만 그에게 있어서 컴퓨터는 예술 작품이어야 했다. 그것 도 뉴욕 현대 미술관에 전시될 정도여야 했다. 그렇다고 그가 제작한, 예 술 작품의 경지에 오른 컴퓨터가 극소수 부유층의 전유물이 되어서는 안 되었다. 그의 컴퓨터는 세상 모든 사람의 것이 되어야 했다. 그리고 세 상을 바꾸는 위대한 도구가 되어야 했다. 그에게는 IBM의 'Think'와 마 이크로소프트의 'Think Week'를 구시대의 유물로 만들어 버릴 'Think Different'가 있었다. 그의 이름은 스티브 잡스였다."

이지성 작가의 『생각하는 인문학』에 나오는 위 내용을 순서대로 읽어 보면 미국 컴퓨터 업계의 성장과 경쟁, 그리고 변천사를 모두 볼 수 있 다. 이는 곧 세계 컴퓨터 시장의 흐름을 요약해 놓은 것이라고 볼 수 있 다. 특히 회사를 이끌어가는 CEO들의 경영 철학이 회사의 성장을 주도 했음을 알 수 있다. CEO들의 이런 경영 철학과 모토는 어디에서 착안했 을까? 그래서 좀 더 연구를 해보았다.

토마스 J. 왓슨은 IBM의 모토인 'Think'를 독서, 경청, 토론, 관찰, 생각 등 다섯 개의 행동 지침으로 제시하고 임직원 모두 실천하도록 했다. 여기서 독서와 경청은 인문고전과 인문학 강의를 말한다. 물론 경청에는 조직내 경청 문화를 조성해서 갈등을 없애는 부분도 포함된다. 토론은 회사의 문제와 미래를 위한 아이디어를 창출하는 과정이다. 관찰은 읽고, 듣고, 토론한 것을 토대로 시대의 흐름을 관찰하는 것이다. 그리고 마지막 단계인 생각을 통해 문명을 개선하거나 창조하는 생각을 하라는 것이다. 토마스 J. 왓슨의 'Think'는 결국 인문고전을 바탕으로 인문학적 관점에서 세상을 바라보게 만들었다. 그리고 일류 기업이 되었다.

빌 게이츠는 "만일 인문학이 없었다면 컴퓨터도 없었을 것이고 마이크로소프트도 존재할 수 없었을 것이다."라고 말했다. 창의성의 원천이 인문학이라는 이야기다. 그는 숲속 작은 통나무집에 들어가서 2주 동안 아무도 만나지 않았다. 오직 생각만 하는 'Think Week'를 통해 회사의 비전과 미래 전략을 구상했다. 통나무집에는 도서관을 방불케 하는 책들이 준비되어 있었다. 그는 아무런 방해를 받지 않는 가운데 오직 인간에 대한 이해를 생각했다. 그리고 IBM을 넘어섰다.

스티브 잡스의 어록을 보면 그의 생각의 원천은 인문학임을 알 수 있다. "애플은 인문학과 과학기술의 교차점에서 탄생했다. 애플의 디자인 철학은 심플이다. 소크라테스와 점심을 함께할 수 있다면 애플의 모든 기술과 바꿀 수 있다." 그에게는 이런 영감을 불러일으킨 철학자가 있었다. 바로 20세기 최고의 철학자로 평가되는 독일의 마르틴 하이데거이다. 하이데거의 철학은 인간을 이해하는 데 있어서 상상이 개입할 수 있도록 길을 열어주었다. 그는 'Think Different'를 통해 새로운 존재철학을 정립했다. 그리고 '심플'이야말로 삶의 진정한 보물이라고 설파했다. 그는 나를 태어나게 한 지점, 내가 태어난 지점, 그리고 살아온 지점들에 이르기까지 다양한 역사성을 띠고 있다고 했다. 그래서 '나'는 실로 그냥 내가 아니며 다양한 시간적 지평들이 어우러져 있는 하나의 우주라고 했다. 스티브 잡스의 이야기를 자세히 보면 마르틴 하이데거의 이야기를 현실에 접목했다는 것을 알 수 있다. 'Think Different', '심플', '인생은 수많은 점들의 향연' 등은 하이데거의 철학이 원천임을 알 수 있는 대목이다.

시대를 선도하는 세계 초일류 기업의 창업자들은 모두 인문학에서 경영 철학을 추출했다. 그런데 가만히 생각해보면 굳이 강조하지 않더라도 우리는 생활 속 모든 것이 인문학과 연결되어 있음을 알 수 있다. 인문학은 말 그대로 인간을 이해하는 학문과 예술 등 모든 것을 포함하기 때문이다. 인간을 보다 가치 있게 만드는 질문이 기술을 선도하고 기업의 경영 전략이 되는 것이다.

다시 처음에 소개했던 광고 크리에이터 디렉터 박웅현으로 돌아가 보자. '나이는 숫자에 불과하다.', '넥타이와 청바지는 평등하다.', '차이는 인정한다. 차별에는 도전한다.', '생각이 에너지다.' 등 우리에게 친근한 이 광고들이 박웅현이 만든 광고다. 그의 광고는 인문학적인 창의력과 소통이 돋보인다. 그의 광고 속에는 늘 사람이 있다. 어렵지 않고 참 쉽다. 그래서 사람들은 그의 광고에 공감하고 또 감동한다. 박웅현이 뉴욕에서 본 애플사의 광고 'Think Different' 이야기에서 나는 질문을 던지고 답을 찾았다. 그 과정에서 IBM의 토머스 J. 왓슨, 마이크로소프트의 빌 게이츠, 애플의 스티브 잡스가 가진 창조적 관점은 인문고전에서 기원했음을 알게 되었다. 이러한 과정이 우리나라 기업에서도 연구되어지고 널리 알려지기를 바란다.

8

4차 산업혁명 시대, 인문고전이 답이다

"애플은 인문학과 과학기술의 교차점에서 탄생했다."

– 스티브 잡스 –

미래를 선도하는 기업의 선택! 인문고전으로 무장한 인재를 찾아라!

"소크라테스와 점심을 함께 할 수 있다면 애플이 가진 모든 기술을 그것과 바꾸겠다."

스티브 잡스가 한 말이다. 그의 이 말 한마디에 세계는 인문학적 관점에 대해 열광하기 시작했다. 그의 인문학적 관점은 애플 기기의 곳곳에서 나타난다. '가장 궁극적인 디자인은 없어져서 보이지 않는 것이다.'라고 디자인 철학을 제시하자 모든 기기의 단추를 없앴다. 애플이 초기 컴퓨터를 생산할 때에는 하드 본체를 모니터 속으로 넣어버렸다. 이것도 보이지 않게 만드는 그의 철학을 구현한 것이다.

"나는 그리스 라틴 고전을 원전으로 읽는 것이 취미였습니다."

페이스북 창업자 마크 저커버그의 말이다. 그는 자신의 창의성의 원천을 인문고전이라고 말했다. 라틴 고전을 원전으로 읽는다는 것의 의미는 우리가 『손자병법』을 원문 한자 그대로 읽는 것과 같은 의미다. 원문 고전을 읽는다는 것은 결코 쉬운 일이 아니다. 그러나 힘들게 읽는 이유는 그만한 가치가 있기 때문이다.

"개화기에 조선을 침략한 국가를 순서대로 쓰시오."
"중세 철학자들을 나열한 후 활동 시기와 순서는?"
"몽골과 로마제국의 성장 과정과 이를 통해 우리 회사가 얻을 수 있는 시사점은?"
"우리나라 위인 가운데 시대적 상황에 의해 역사적으로 저평가된 인물을 골라 서술하라."

위 질문은 우리나라 대기업의 신입사원 선발 시 치르는 입사시험 문제이다. 한국의 대기업도 신입사원을 뽑을 때 인문학적 소양을 묻고 있다. 공무원도 마찬가지다. 인문·시사 50권을 지정하고 면접 시 숙지 여부를 확인하는 선발 방식을 발표했다. 세상이 온통 인문학 열풍으로 가고 있는 것이다.

그럼 왜 이렇게 인문학 열풍이 불고 있는가? 4차 산업혁명 시대에도 이런 인문학 열풍이 계속될 것인가? 계속된다면 그 이유는 무엇일까?

그 답을 단적으로 보여주는 사례가 있다. 2011년, 구글은 신입사원 6천 명을 뽑았다. 그 중에서 5천 명이 인문학 전공자였다. 우리가 말하는 문과가 아니라 경제, 경영을 제외한 순수 인문학 전공자를 말한다. 구글은 미래를 보며 인문학이 기술을 선도하는 비전을 미리 확신한 것이다. 인텔의 경우도 마찬가지다. 인텔은 약 100명의 학자들로 구성된 인텔 랩을 운영한다. 이곳에서 모든 지시가 이루어지는 시스템이다. 이 인텔 랩을 이끌어가는 사람이 '쥬느비에브 벨'이었다. 그녀는 페미니스트이자 막시스트였고 인류학을 전공했다. 그녀가 인텔에 입사 원서를 제출했을 때 합격할 것이라고는 생각하지 않았다고 한다. 그러나 인텔은 미래 가치를 알아보았다. 그녀를 선발했고 인텔 랩에 배치했다. 그녀는 인류학 전공자답게 인간을 이해하고 인간을 위한 생각을 기술로 구현하는 연구를 했다. 그리고 그녀는 입는 컴퓨터, 초소형 퍼스널 로봇 등을 생각해냈다. 그녀는 기술자가 아니다. 이런 제품이 나오면 좋겠다는 아이디어를 제시한 것이다. 그리고 기술이 이를 뒷받침하는 구조로 새로운 제품을 만들어 낸 것이다. 인텔은 확실히 인문학적 경영을 하고 있다.

스토리를 만들어내는 상상력의 힘

1991년, 나는 대학 입학 선물로 컴퓨터를 받았다. 처음으로 내 컴퓨터가 생긴 것이다. 컴퓨터를 잘 하려면 게임을 배워야 한다고 했다. 그래서 만난 첫 게임이 〈스타크래프트(Starcraft)〉였다. 게임을 시작했을 때 첫 장면을 잊을 수 없다. 먼저 게임의 스토리가 나온다. 그 스토리를 읽고 있으면 머릿속에서 그림이 그려진다. 지금도 마찬가지다. 게임을 선택하는 기준은 스토리다. 그래픽 기술이 뛰어나서 그 기술 때문에 선택하지는 않는다. 그 〈스타크래프트(Starcraft)〉를 만든 사람들은 공학을 전공한 사람이 아니다. 그들은 고고 미술 사학을 전공했다. 그래서 그런 멋진 스토리를 만들어낼 수 있었던 것이다.

"'픽쿼드'호의 일등항해사는 스타벅이었다. 넌터킷 토박이에 대대로 퀘이커교도 집안이었다. 큰 키에 성실한 사람이었고….."

커피 전문점 스타벅스에도 스토리가 있다. 스타벅스의 창업자 제리 볼드윈은 H. Melville의 『모비딕(Moby Dick)』이라는 소설의 애독자였다고 한다. 그는 『모비딕』에 나오는 포경선 '픽쿼드'라는 이름 대신 '스타벅'이라는 일등항해사의 이름을 사용했다. 그런데 여러 명의 '스타벅'이라는 의미에서 복수형의 '스타벅스'라고 지었다고 한다.

우리나라 기업인 '롯데'의 창업자 신격호 회장은 독일의 문호 괴테의 『젊은 베르테르의 슬픔』이라는 소설의 애독자였다. 그래서 회사 이름을 여주인공 '샤를 롯데'의 애칭인 '롯데'를 따와서 지었다고 한다. 이처럼 스토리의 힘은 막강하다. 사람을 끌어들이는 마법이 있다.

그래서 회사는 스토리를 잘 만드는 사람이 필요하다. 이런 사람을 '인문학적 소양을 갖춘 인재'라고 한다. 우리나라 대기업도 이제는 '스펙은 중요하지 않다. 인문학적 소양을 갖춘 인재가 필요하다. 우리는 그런 인재를 뽑을 것이다.'라고 선포하고 있다. 이게 4차 산업혁명으로 가는 현실에서 인문학의 중요성을 나타내는 현상이다.

20세기 세계 최고의 기업은 GE였다. GE의 창업자는 발명왕 에디슨이다. 에디슨은 발명가이자 사업가였다. 그는 GE를 창업하고 회사의 모토를 'Imagination at work!'(일하는 현장에서 상상을 하라!)로 정했다. 당시에는 발명이 생산성을 높이고 기술개발을 이끄는 선도적 역할을 했다. 100년이 지난 후 지금은 어떤가? 스티브 잡스는 새로운 기술개발을 통해 스마트 폰을 발명한 것이 아니다. 그는 단순히 여러 개로 나뉘어져 있었던 것을 한 군데로 모았을 뿐이다. MP3 플레이어와 컴퓨터, 휴대폰을 하나로 모았다. 그리고 세계 일류 기업이 되었다. 스티브 잡스는 이런 생각을 하는 사람이었다. 하나로 모으는 생각! 이것이 힘이다.

애플의 모토를 보면 100년 전과 100년 후의 차이를 분명하게 알 수 있다. 이것은 시대의 흐름을 읽는 데도 중요한 자료가 된다. 100년 전 세계 일류 기업이었던 GE의 모토는 'Imagination at work!'였다. 100년 후 세계 일류 기업인 애플의 모토는 'Think Different!'이다. '다르게 생각하라!'는 것이다. 발상의 전환을 하라는 것이지 생산 현장에서 발명을 하라는 이야기가 아니다. 다르게 생각할 수 있는 힘이 경쟁력이 되는 시대다. 기업의 생존 기술이 되는 시대다.

　20세기 천재 과학자 아인슈타인은 인문학적 인성을 가진 과학자였다. 그는 학생들을 가르치면서 조화로운 인간에 대해 강조했다. 과학기술만 가르치면 쓸모 있는 기계가 될 수는 있다. 하지만 인문학적 소양을 통한 도덕적인 교육이 없으면 조화로운 인간으로 발전하지 못한다고 했다. 그래서 지식만 갖춘 사람이 되는 것을 경계했다. "전문적인 지식만 갖춘 사람은 마치 잘 훈련된 동물에 가깝다."라고 했다. 역사상 가장 위대한 천재 과학자 역시 인문적 소양을 갖춘 인간상을 이야기했다. 4차 산업혁명 시대에도 마찬가지다. 그래서 인문학이 과학기술을 선도하는 시대가 온 것이다.

　4차 산업혁명 시대, 과학기술은 세상을 바꿔놓고 있다. 자율 주행 자동차가 운전 면허증을 사라지게 하고 드론이 택배 기사를 대신해서 배달을 하는 시대가 온다. '알렉스'라는 생활 속의 로봇이 모든 지적인 질문에 답을 하고 가전제품들을 조종한다. 그런데 여기서 주목해야 할 점은 이런 모든 것들이 인간을 향하고 있다는 것이다. 스티브 잡스, 마크 주커버그 등 시대를 선도하는 기업들도 모두 인간을 위한 제품들로 일류 기업이 되었다. 4차 산업혁명의 시대도 인간을 위한 창의성이라는 본질은 변하지 않는다. 인간을 더 잘 이해해야 4차 산업혁명을 주도할 수 있는 것이다. 인문학이 아이디어를 제공하고, 과학기술이 현실로 만들며, 경제 사회가 비즈니스를 연결하는 구조가 4차 산업혁명 시대이다.

플로베르, 『보바리 부인』,
"행복의 기준이 무엇이 되어야 하는가?"

"'인생에 대한 불만은 대체 어디서 오는 걸까? 모두 거짓이다. 어떠한 미소에도 권태의 하품이 숨겨져 있다. 어떤 환희에도 저주가, 어떤 쾌락에도 혐오가 숨어 있다. 황홀한 키스에도 충족되지 못한 더 큰 쾌락의 욕망이 입술에 남는 법이다.' 이윽고 간통 속에도 결혼의 평범함이 모두 들어 있다는 사실을 엠마는 알게 된다. 그녀는 언제나 더 큰 행복을 찾고 바라다가 오히려 행복의 샘을 말려 버리고 만 것이다. 엠마가 사랑한 남자들, 그들은 엠마가 도와 달라고 하자 모른 체한다."

– 엠마가 욕망의 대가를 깨달으며 후회하는 독백

플로베르의 『보바리 부인』은 '행복의 기준은 무엇이 되어야 하는가?'를 생각하게 하는 소설이다. 단순히 바람난 유부녀의 비참한 최후를 보여주는 소설이 아니다. 다른 사람이 가진 것을 내가 가지지 못했을 때 불안감과 자존감이 낮아진다. 이런 비교 의식이 내 삶을 망가지게 한다. 직업적인 성공에만 전념하는 사람은 가정이 망가져가도 애써 외면하면서 한 번에 보상할 수 있으리라는 착각을 한다.

위 문장에서 '간통 속에도 결혼의 평범함이 모두 들어 있다.'는 말은 모든 생활에 적용할 수 있는 진리에 가까운 말이다. 그렇게 부러워하던 것들을 내가 가졌을 때 더 큰 욕망으로 인해 채워지지 않는 불안감만 계속 이어질 뿐이다. 그래서 필요한 것이 '행복의 기준'을 만드는 것이었다. 중요한 것은 행복의 기준이 밖에 있는 것이 아니라 내 안에 있는 것으로 찾아야 한다는 것이다. 비교하지 않고 내가 가진 것, 즉 내 안에서 찾을 때 자존감은 그 어떤 상황에서도 흔들리지 않는 나만의 생존 무기가 될 수 있었다. 그렇게 다시 찾은 자존감이 내가 두 번째 인생을 여는 열쇠가 되었다.

4장

3천 년 지혜를
내 것으로 만드는
인문고전 독서법

1

세인트존스 대학의 고전 독서법

"고전은 우리의 생각을 바꾸고, 마음을 움직이며, 정신을 감동시킨다."

– 조한별 –

질문하면서 읽어라!

"훌륭한 지성과 상상력, 이런 자질은 광범위한 연구와 열린 토론 문화를 통해 이룬 세인트존스 교육의 특징이다. 세인트존스의 학생들은 질문을 통해 자신의 생각을 발전시킨다."

조한별 작가의 『세인트존스의 고전 100권 공부법』 중 '진짜 공부하는 법 배우기'에서 질문의 중요성을 강조하는 말이다.

세인트존스 대학은 특별한 전공 학부 과정이 없다. 4년 동안 고전 100

권을 읽고 함께 토론하는 교육이 전부다. 1학년부터 4학년까지 시대 순으로 아리스토텔레스, 단테, 마키아벨리, 데카르트, 셰익스피어, 니체 등 고전 100권을 읽는다. 그리고 그 내용에 대해 튜터의 지도 아래 함께 토론하고 자신의 생각을 발전시켜나간다.

세인트존스에는 일반 대학에서와 달리 없는 게 3가지가 있다. 교수, 강의, 시험이다. 그 대신 엄청난 독서량과 치열한 토론, 세미나가 있다. 독서, 토론, 세미나를 마치면 자신만의 생각을 에세이로 써내야 한다. 이런 과정을 통해 학생들은 평생 공부하는 방법과 습관을 익히게 된다. 여러 사물과 현상에 대해 나만의 생각을 가질 수 있게 만드는 공부. 나만의 가치관을 바르게 세워 나가는 공부. 이것이 세인트존스가 추구하는 진짜 공부다.

세인트존스 대학에서 질문은 배움을 얻기 위한 과정이고 단계이다. 질문을 한다는 것은 무언가 얻고자 하는 생각의 결핍에서 시작된다. 어떤 사실을 있는 그대로 이해하고 받아들이는 것이 전부라면 세상의 발전은 없었을 것이다. 예를 들어 사과가 땅에 떨어지는 현상은 과수원 주인이 가장 많이 보았을 것이다. 그러나 있는 그대로 이해하고 받아들이니까 중력의 법칙을 발견하지 못하는 것이다. 그런데 뉴턴은 사과가 떨어지는 것을 보고 질문을 던졌다. 왜 사과는 아래로 떨어질까? 나무가 훨씬 높으면 어떻게 될까? 달은 왜 사과처럼 땅으로 떨어지지 않는 것일까? 뉴턴은 꼬리에 꼬리를 무는 질문을 했다. 무언가 알고자 하는 생각의 결핍이 또 다음 질문을 만들어낸 것이다. 역사는 이런 질문으로 발전을 거듭할 수 있었다.

인문고전 독서도 마찬가지로 질문이 많아야 한다. 책을 읽으며 '이해했다'에서 끝나는 것이 아니다. 이리 보고 저리 보고 뒤집어 보고 생각을 많이 해야 한다. 그래서 질문이 답이 되는 독서가 되어야 한다. 세인트존스 대학은 토론 준비를 위해 질문하고 답을 찾아가는 과정을 만든다. 혼자 읽으면서 질문에 대한 답을 찾지 못하면 토론, 세미나로 가져간다. 그리고 다시 답을 찾을 때까지 질문하고 자기 생각을 발표한다. 타인의 생각을 들으면서 답을 얻기도 한다. 내가 질문하고 답을 찾은 경우 그 생각을 공유하고 다시 타인의 생각으로 검증을 받는다. 이렇게 얻은 답은 단순히 이해하는 수준의 지식이 아니다. 깨달음에 이르는 수준의 지식이 쌓이게 되는 것이다.

생각하면서 읽어라!

읽기만 하는 독서는 인문고전에서 가장 지양해야 할 독서 방법이다. 모든 독서가 마찬가지겠지만 특히 인문고전에서 생각 없이 읽기만 하면 돈 세는 기계와 다를 바 없다. 그래서 생각하면서 읽어야 한다. 세인트존스에서는 한 문장을 읽더라도 그 문장이 무엇을 의미하는지, 저자의 의도는 무엇인지, 이 문장을 나는 어떻게 생각하는지 등에 대해 생각을 해야 한다. 그래야 토론, 세미나에서 질문을 하거나 자신의 생각을 발표할 수 있다. 다른 사람의 발표 내용도 내가 이해를 할 수 있으려면 나만의 생각이 필요한 것이다. 이런 준비가 되지 않으면 토론이나 세미나에서 한마디도 못 알아듣고 발표도 하지 못한다.

세인트존스 대학은 토론에서 말하지 않는 학생은 퇴학 처분을 한다. 우리나라 대학의 퇴학 처리와는 다른 절차로 진행된다. 학기가 종료되면 튜터들은 '돈 래그'라는 학생 평가 토의를 실시한다. 여기에서 학생의 수업 태도나 수업 적응력 등을 평가해서 다음 학기로 연결할지, 그만두게 할지를 결정한다. 그래서 타인이 하는 발표를 듣고만 있으면 튜터들의 회의에서 걸러지게 된다. 조한별 작가의 『세인트존스의 고전 100권 공부법』 중에서 튜터들의 '돈 래그' 진행 사례를 보면 그 수준을 알 수 있다. 다음은 그 사례를 인용한 내용이다.

"미스 조의 질문은 좋은 것들이 많은데 자기 혼자 모른다고 생각해서 물어보지 않습니다. 결국 질문을 해보면 다른 친구들도 몰라서 아무도 대답 못 하는 그런 것들인데 말이죠. 그러니 용기를 가지고 질문을 더 할 필요가 있어요."

"미스 조는 아폴로니오스가 어려운 게 자기 탓이라고 생각합니다. 원래 어려운 건데 말이죠. 허허허!"

"미스 조는 이번 학기 모든 퀴즈에서 낙오했습니다. 희랍어 번역은 시키면 잘하고 준비도 잘해오는 듯하지만 절대 나서서 하지 않습니다. 토론에 전혀 참여하지 않아서 플라톤의 『메논(Menon)』을 토론하고 있는데 무슨 생각을 하고 있는지도 전혀 모르겠고요. 리포트는 두 개를 썼는데 둘다 문법이 엉망이었고, 무슨 말을 하는지 전혀 알 수 없어서 심각하게 걱정이 됐습니다. 다음 학기에도 이대로라면 절대 만족할 만한 수업을 할 수 없을 겁니다."

이런 식의 혹독한 평가를 받으면 학생들이 목숨 걸고 생각을 하지 않을 수가 없다. 생각을 해야 질문도 하고 자신의 생각을 정리해서 발표도 할 수 있는 것이다. 자연스럽게 토론이 주는 시스템에 순응해야 살아남을 수 있는 곳이 세인트존스 대학이다.

읽고 토론하고 생각을 정리해서 글로 써라!

세인트존스의 핵심 수업은 세미나이다. 질문을 공유하고 광범위하게 대화를 하면서 고전을 분석적으로 마주하게 한다. 학생들에게 인간으로서 생각해야 할 중요한 질문을 도출하게 한다. 그렇게 진행하면서 고전의 저자와 대화를 이어가게 한다. 이런 세미나에서 살아남는 방법은 광범위한 독서와 생각을 하는 방법뿐이다. 그래서 수많은 생각을 연결하고 자신의 지식을 총동원해서 세미나에 참석해야 한다. 세미나를 통해 내 의견을 발표하고 타인의 생각을 공유한다. 세미나가 정보를 공유하는 과정이라면 글쓰기는 생각을 정리하는 과정이다. 글을 쓰면서 내 생각과 타인의 생각을 융합하다 보면 깊이가 더해지는 독서가 됨을 알 수 있다. 이런 과정이 곧 나만의 가치관을 형성하게 만든다. 세인트존스는 읽고, 토론하고 생각을 정리해서 글로 써내는 시스템을 대학 전 학년 과정에 걸쳐 적용하고 있다.

최재천 이화여대 에코과학부 교수는 세인트존스 대학의 공부 방법에 대해 다음과 같이 평가했다.

"KBS 프로그램 〈명견만리〉 강연을 하기 전까지 나는 4년 동안 고전 100권을 읽고 모든 수업을 토론으로 진행하며 시험도 없는 세인트존스라는 대학이 있다는 걸 몰랐다. 교수의 농담까지 일일이 받아 적고 깡그리 외워 답안지에 그대로 토해 내야 A+를 받는 대한민국 명문대의 수업과 극명하게 다른 세인트존스의 수업. 공부는 본래 스스로 하는 것이다. 미래학자들의 예측에 따르면 지금 청년 세대는 평생 직종을 대여섯 차례나 바꾸며 살 것이란다. 요행으로 첫 직장의 문만 열 수 있는 '맞춤 열쇠' 한 개가 아니라, 평생 맞닥뜨릴 다양한 직업의 자물쇠를 열 수 있는 '마스터키'가 필요하다. 세인트존스 학생들은 자신만의 마스터키를 깎고 있다."

과수원 주인은 사과가 떨어지는 것을 가장 많이 목격하고서도 평생 중력의 법칙을 모르고 죽는다. 뉴턴은 사과가 떨어지는 것에도 왜? 라는 질문을 던져서 중력의 법칙을 발견했다. 세인트존스는 고전 독서를 하며 '왜?' 라는 질문과 '어떻게?' 라는 질문을 하면서 읽지 않으면 토론에서 자신의 생각을 말할 수 없게 한다. 질문을 하다 보니 당연히 생각도 많이

하게 된다. 즉 읽으면서 생각을 한다는 것이다. 질문과 생각으로 무장을
한 다음 토론과 세미나에 참여한다. 치열한 생각의 공방전이 벌어지고
정보 공유가 완성되면 그걸로 끝나는 것이 아니다. 이어서 글로 써내면
서 독서가 완성된다. 글로 써내는 과정은 책을 읽고 나만의 가치관을 형
성하는 과정이 된다. 이것이 세인트존스의 고전 독서법이다. 단순히 책
읽고 토론하고 마치는 것이 아니다. 한 사람의 인격을 만들어가는 고전
독서 시스템인 것이다.

2

아인슈타인의 생각 독서법

"모두가 비슷한 생각을 한다는 것은, 아무도 생각하지 않는다는 말이다."

― 아인슈타인 ―

아인슈타인은 저능아였다?

"나는 그저 책의 뼈대를 확실하게 파악하고 가죽은 벗겨버렸을 뿐입니다."

"나는 오래 지나지 않아 심오한 지식을 식별해내는 법을 배웠으며 그 외의 다른 것들은 버렸습니다."

아인슈타인 독서법은 꼭 필요한 내용만 간추려서 다시 본인만의 뼈대를 만드는 독서법으로 유명하다. 그리고 질문을 통해 살을 붙여나간다. 이 모든 과정은 깊은 생각의 산물이다.

알베르트 아인슈타인은 1879년 독일의 울름이라는 마을에서 태어났다. 그는 어릴 때 말을 늦게 배워 더듬거려서 부모들의 걱정이 많았다. 아인슈타인은 다섯 살 때 열병을 앓았다. 아버지는 침대에 누워만 있는 아들이 너무 안쓰러웠다.

"알베르트, 좀 어떠냐? 많이 갑갑하지 않니?"

"아니에요. 갑갑하지 않아요. 누워서 많은 생각을 했거든요."

"그래 무슨 생각을 했니?"

"바람이 지나가는데 왜 보이지 않을까요? 또, 구름은 어떻게 하늘에서 떨어지지 않을까요?"

호기심이 많은 아인슈타인은 김나지움으로 진학했다. 그곳에서도 끊임없이 질문만 하는 학생이었다.

"알베르트! 네 질문 때문에 아무것도 못 하겠다. 질문 좀 그만 할 수 없겠니?"

선생님은 귀찮다는 듯이 얼굴을 찡그렸다.

"그런데 선생님! 태양에 제일 처음 불을 붙인 사람은 누구예요?"

"제발 그만하렴. 교실 밖으로 나가서 서 있어. 수업에 방해되니까."

'아인슈타인은 학업성적이 부진한 저능아였다'는 소문은 잘못된 이야기다. 그는 저능아여서 학업성적이 부진한 게 아니라 질문이 많아서 선생님들이 귀찮아했을 뿐이다. 당연히 해당 과목은 성적이 부진할 수밖에 없었다. 아인슈타인은 어릴 때부터 달달 외기만 하는 공부를 싫어했다. 무조건 외지 않고 스스로 생각해서 문제를 푸는 수학 공부를 좋아했다. 그래서 역사와 라틴어, 그리스어 등은 수학, 과학에 비해 상대적으로 낮은 점수를 받았다.

이런 그에게 인문고전과 자연과학에 대한 지식을 접하게 해준 은인이 나타났다. 그의 인생을 바꿔 준 사람은 그보다 열 살이나 많은 막스탈이라는 대학생 형이었다. 막스탈은 아인슈타인에게 '일반과학대계'라는 책을 보여주었다. 그 책에는 동물, 식물, 광물 등 자연계 현상에 대한 자세한 설명과 여러 과학자들의 연구가 담겨 있었다. 막스탈로 인해 아인슈타인은 지적 호기심에 불을 붙였다. 막스탈은 칸트의 철학과 유클리드 기하학도 알려주었다. 이후 아인슈타인은 수학보다 물리학에 더 집중해서 공부를 하게 되었다. 또한 인문고전을 공부할 때는 매일 독서하고 토론하고 사색하기를 반복했다. 때때로 그는 '인문고전을 집필한 천재들은 내면의 황홀한 빛'이라고 표현할 정도로 깨달음의 환희에 사로잡혔다. 읽고, 토론하고, 사색하고, 깨닫는다. 이것이 아인슈타인 인문고전 독서법의 핵심이다.

아인슈타인은 스위스 연방 공과대학을 졸업한 후 6개월 동안 임시직으로 교사 생활을 한 적이 있다. 그는 학생들을 가르치면서 그림을 그려가며 설명했는데 어려운 이론을 쉽고 재미있게 이야기했다. 그는 그림을 그려가며 설명하는 방식을 인문고전 독서에도 적용했다. 이것이 아인슈타인의 인문고전 독서법 첫 번째, 이미지 독서법이다. 그는 과학자이면서 예술가였다. 과학도 예술가처럼 이미지로 생각한 것이다. 그리고 이렇게 말했다.

"숫자나 기호는 현상이고 본질은 이미지에 있다. 나는 무엇인가를 생각할 때 항상 제일 먼저 이미지를 떠올린다. 내가 상상하는 이미지들을 내 마음대로 다룰 수 있을 때 비로소 내 생각을 말이나 숫자로 표현할 수 있다."

아인슈타인은 인문고전을 읽으면서 이미지로 생각을 정리했다. 그리고 글로 표현했다. 나도 아인슈타인의 방법대로 해보았다. 우선 어려운 철학보다 문학을 선택했다. 톨스토이의 소설 『안나 카레니나』에서 등장인물의 관계도를 머릿속에 그렸다. 그리고 그 이미지를 종이 위에 그림으로 그렸다. 그런 후 다시 책을 읽었다. 확실히 달라졌다. 등장인물들의 관계도가 머릿속에 각인되어 있어 심리적인 갈등이 표현되는 부분도 쉽게 와닿았다.

아인슈타인의 인문고전 독서법 두 번째는 사색이다. 천재들의 공통점은 사색을 좋아한다는 것이다. 사색은 말 그대로 생각을 하는 것이다. 생각을 잘하는 방법은 질문을 하는 것인데, 아인슈타인은 어릴 적부터 질문하기를 좋아했다. 성장해서도 항상 질문하고 생각하는 것을 즐겼다.

아인슈타인의 인문고전 독서법 세 번째는 생각을 글로 표현하고 토론하는 것이다. 첫 번째, 이미지로 그림을 그리고 두 번째, 사색을 하고 그 결과를 세 번째 단계인 글로 표현하고 토론을 했다. 그는 특히 토론에 광적으로 집착했다. 스위스 연방 공과대학을 졸업한 후 취직자리를 구하는 2년 동안 주변에 토론할 사람이 없었다. 그래서 신문에 광고를 내서 토론 모임을 만들 정도였다. 이때 만들어진 독서 토론 모임이 '올림피아 아카데미'였다. 아인슈타인이 스위스에서 특허청 공무원 생활을 할 때 주말에는 무조건 '올림피아 아카데미'에서 토론을 하며 지냈다.

나는 운이 좋게도 사무실 건물 4층에 있는 우장산숲속도서관을 자주 이용하고 있다. 격주로 진행되는 독서 토론 모임에도 참가하고 있다. 반기마다 진행되는 글쓰기 과정에도 틈나는 대로 참여한다. 아인슈타인이 했던 인문고전 독서법을 완벽하게 따라 할 수 있는 여건이다. 사실 시간과 여건이 맞지 않아 독서를 하지 못한다는 이야기를 많이 듣는다. 어쩌면 의지를 불태우지 못하는 자신을 위로하는 핑계일 수 있다. 어떻게든 여건을 만들면 할 수 있다.

우장산 독서 토론 모임 이름은 '책벗'이다. 주로 인문학 도서를 선정해서 1주일간 개인별로 읽고 토론할 논제를 작성한다. 진행자는 논제를 종합해서 지도 강사님의 첨삭 지도를 받은 후 토론 당일 전체 진행을 주도한다. 독서 토론을 하면서 내가 생각하지 못했던 부분들을 듣게 되면 지식이 확장되는 느낌이 들었다. 내 경험치가 한정되어 있기에 타인의 경험을 간접적으로 배울 수 있다. 공통적인 의견에 대해서는 공감대를 형성하게 되지만 찬반 의견에 대한 토론에서는 열띤 설득과 주장이 오고간다. 나는 이런 토론이 매우 유익하다고 생각한다. 아인슈타인이 신문에 광고를 낼 정도로 독서 토론에 집착한 이유가 100% 이해된다. 책은 혼자 읽으면 혼자만의 생각으로 끝난다. 하지만 토론을 하게 되면 다양한 관점에서 다시 읽는 효과를 얻게 된다. 그래서 책을 3번 읽는 효과가 있다. 처음에 가볍게 읽고, 논제 작성을 위해 핵심을 다시 한 번 정리하며 읽고, 토론하면서 다시 읽는 효과. 그래서 3번 독서 효과다.

아인슈타인은 어릴 적부터 호기심이 많은 아이로 자랐다. 그는 학창시절 말더듬과 수많은 질문으로 인해 교사들이 짜증내는 대상이었다. 그래서 이것을 두고 혹자는 저능아의 시절이 있었다고 하지만 그것은 잘못된 해석이다. 아인슈타인은 성장하면서 막스탈을 만나 인문고전과 물리학에 대해 관심을 가지게 된다. 그리고 인문고전 독서를 통해 그의 천재성이 발휘되기 시작한다. 그의 독서법은 '이미지 그리기, 사색하기, 글로 쓰고 토론하기'의 3단계로 진행된다. 나는 이 과정을 그대로 따라 해보았다. 천재들의 공통점은 생각하는 것을 시각화해내는 능력이 뛰어나다는 것이다. 아인슈타인의 독서법은 시각화와 다양한 생각을 조합해서 나만의 생각으로 만드는 데 아주 효과적인 방법이다. 여러분도 따라 해보기 바란다.

톨스토이, 『사람은 무엇으로 사는가?』,
"사랑 그리고 언젠가는 죽을 줄 알기에"

"하나님이 던진 세 가지 질문에 대한 답은 이것이었다.

사람의 마음속에는 무엇이 있는가? 사랑.

사람에게 허락되지 않는 것은 무엇인가? 죽음.

사람은 무엇으로 사는가? 사랑."

― 천사 미하일이 하나님의 질문에 대해 세 번 웃으며 깨달음을 말하는 문장

톨스토이의 『사람은 무엇으로 사는가?』의 생존 문장은 딱 위의 3가지다. 사람들은 흔히 자기만을 위해 사는 이기적인 세상이라고 한다. 하지만 천사 미하일은 사람들 속에서 사랑과 죽음을 보았다. 천사의 눈에는 보이는데 사람의 눈에만 보이지 않는다.

나는 실패의 쓰라림에 정신을 차리지 못했다. 작은 사랑도 베풀지 못하는 어리석은 인간이 되어갔다. 당연히 행운의 여신이 나를 비켜갔고 성공은 더더욱 멀어져갔다. 죽음의 문제도 마찬가지다. 영원히 살 것처럼 무한대의 시간으로 생각하다가 제한이 있음을 느꼈을 때 비로소 시간의 중요성을 깨달았다.

사랑이 없으면 가정도 행복하지 않다. 그런 가정은 지옥이 따로 없다. 의욕도 없어지고 꿈을 꿀 수도 없다. 인생의 의미를 찾을 수가 없게 된다. 그래서 사람은 사랑으로 살아가는 존재다. 내가 이것을 깨달았을 때는 너무나 가혹한 희생을 치른 후였다. 그래도 깨닫지 못했다면 희생의 대가를 찾을 수 없었을 것이다. 지금 나에게 가장 중요한 것은 사랑이다. 나를 사랑하고 내 가족을 사랑하고, 내 이웃을 사랑하는 마음. 그것 하나만으로도 살아갈 수 있음을 깨달았다.

3

다산 정약용의 인문고전 독서법

"格物致知(격물치지)하라, 사물의 이치를 끝까지 파고들어 완전히 앎에 이른다."

– 주자 –

다산의 독서법을 다시 생각하다

"여러분! 양파의 껍질은 몇 겹으로 되어 있을까요?"

"……."

서울대 심리학과 최인철 교수가 강연장에서 던진 지적 호기심에 관한 질문이다. 아무도 대답하는 사람이 없었다. 늘 먹어 오던 양파가 몇 겹으로 되어 있는지 우리는 한 번도 생각해보지 않고 산다. 지적 호기심은 이렇듯 당연함에 멈추지 않고 끊임없이 질문을 하게하고 생각을 하게 만든다. 최인철 교수의 양파 껍질 질문은 내가 힘든 시기에 읽었던 다산 정약용을 떠오르게 했다.

2012년 8월, 나는 내 인생의 가장 큰 위기에 봉착했다. 사회생활, 가정 문제, 심지어 건강까지도 바닥이었다. 도무지 출구가 보이지 않는 터널을 걷고 있는 것 같았다. 언젠가는 출구가 보이겠지 하면서 아무리 발버둥 쳐도 헤매기만 했다. 그때 만난 책이 한양대 정민 교수가 쓴 『다산 선생 지식 경영법』이라는 책이었다. 당시 나에게 와닿았던 문장이 있었는데 '여박총피(如剝蔥皮)'였다. '파 껍질을 벗겨 내듯 하라'는 말이다. 나는 내게 닥친 문제를 총체적으로 바라보며 감당할 수 없다는 생각만 반복하고 있었다. 그런데 파 껍질 벗겨 내듯 문제를 하나하나 떼어 놓고 종이에 기록했다. 그리고 우선적으로 해결해야 할 사항과 장기적으로 해결해야 할 사항으로 구분했다. 해결할 수 있겠다는 자신감이 생겼다.

나를 살린 문장이라 해도 과언이 아니다. 그러니 어떻게 잊을 수가 있겠는가? 그래서 다시 책을 펼쳐 들었다. 이제는 다산의 독서법에 대해 하나씩 껍질을 벗겨보기로 했다.

조선시대 최고의 철학자이자 실학자, 500여 권의 책을 저술한 저술가인 다산 정약용의 독서법은 매우 과학적이고 현실적이다. 나는 다산의 독서법을 네 가지로 정리를 했다.

1. 여박총피(如剝蔥皮) 하라!

첫 번째는 '다독·연독을 통해 문제의 속살을 보라!'이다. '여박총피(如

剝蔥皮'가 여기서 나온 말이다. 다산은 파 껍질을 벗겨 내듯 독서를 하라고 했다. 먼저 거친 외피를 벗겨 내서 대의를 파악한다. 그 다음 한 껍질을 더 벗겨 내면 속살이 드러나게 된다. 연두빛 껍질은 점점 하얀 속살로 바뀐다. 향이 짙어진다. 이렇게 깨달음을 만들어 나가야 한다. 다산은 자신도 처음에는 껍질에 머물러 속살을 보지 못했다고 한다. 그런데 다독과 연독을 하면서 껍질이 하나씩 벗겨지는 깨달음을 얻게 되었다. 그리고 지금껏 중요하다고 생각한 것들을 모두 버리고 그 자리에 깨달음으로 다시 채웠다고 한다.

한 권의 책으로 한 분야를 모두 알게 되었다고 하면 그 사람은 껍질만 본 것이다. 그래서 많은 책을 읽어야 한다. 견해가 다른 책들을 비교해가며 읽어야 한다. 그래야 꼬리에 꼬리를 무는 독서가 되고 시야가 넓혀지게 된다. 한 분야의 책을 다양하게 연속적으로 읽으면 문제를 입체적으로 보게 되고 더 나아가 본질을 파악할 수 있게 되는 것이다.

2. 초서(鈔書) 하라!

두 번째는 '분류하고 정리하는 독서'이다. 다산은 아무리 많은 책을 읽어도 분류하고 정리하지 않으면 잃어버리는 구슬과 같다고 했다. 다음 이야기는 다산이 지은 『소학주천(小學珠串)』 서문에 나오는 이야기다.

"촉(蜀) 땅의 아이가 고운 구슬 수천 개를 얻었다. 기뻐서 품에 넣고, 옷자락에 담고, 입에 물고, 두 손에 움켜쥐기도 하여, 동쪽으로 낙양에 가서 팔려고 했다. 막상 길을 떠난 후, 지쳐서 앞섶을 헤치면 품었던 구슬이 떨어지고, 물을 건너다 몸을 숙이면 옷자락에 담았던 것이 흩어졌다. 기쁜 일을 보고 웃거나 말할 일이 있어 입을 열면 머금고 있던 구슬이 튀어나왔다. 벌이나 전갈, 살무사나 도마뱀처럼 사람을 해치는 물건과 갑작스레 맞닥뜨리면, 그 근심에서 자기를 지키려고 손에 쥐고 있던 구슬을 놓치고 말았다. 마침내 절반도 못 가서 구슬은 다 없어져 버렸다."

'구슬이 서 말이라도 꿰어야 보배'라는 속담이 있다. 다산은 독서에도 이런 방법을 적용해야 한다고 했다. 책을 읽고 질서를 부여하지 않으면 이내 흩어져버린다. 머릿속에 이런 질서를 잡는 체계가 가동되지 않으면 배우고 읽어봤자 소용없다. 잡다한 정보를 무조건 집어넣는 것이 중요한 게 아니라, 분류하고 생각하고 내 것으로 만드는 과정이 중요하다. 다산은 이 과정에서 분류와 정리를 통합한 것을 초서(鈔書)라고 했다. 이 방법은 먼저 내가 이 책을 읽는 목적을 명확하게 세우고, 그 다음 책을 읽으면서 목적에 필요한 부분을 채록하여 모은다. 이때 불필요한 부분은 건너뛰는 방식으로 읽는다.

다산은 초서 독서로 핵심을 요약하고 나의 생각을 반영함으로써 사고의 확장을 이룰 수 있다고 했다. 또 이렇게 읽으면 자신의 경험상 백 권의 책도 열흘이면 읽을 수 있다고 했다. 말 그대로 핵심만 골라 읽는 실용적인 독서법이다.

3. 축기견초(築基堅礎) 하라!

세 번째는 '기초를 다지고 바탕을 만들어라.'이다. 축기견초(築基堅礎), 터를 다져 주추를 굳게 한다는 말이다. 이 말은 다산이 곡산 부사로 있을 때 정당 건물을 새로 지으면서 기초의 중요성을 강조하며 한 말이다. 다산은 공부도 이와 같다고 했다. 두 아들에게 부치는 편지에 다음과 같은 글을 통해 알 수 있다.

"독서는 무엇보다 먼저 바탕을 세워야 한다. 바탕이란 무엇을 말하는 것이냐? 배움에 뜻을 두지 않고는 능히 책을 읽을 수가 없다. 배움에 뜻을 두었다면 반드시 먼저 바탕을 세워야 한다. 그렇다면 바탕이란 무엇을 말하겠느냐? 효제(孝悌), 즉 부모에게 효도하고 형제간에 우애로운 것일 뿐이다. 모름지기 먼저 힘껏 효제(孝悌)를 행하여 바탕을 세운다면 학문은 저절로 무젖어 들게 마련이다. 학문이 내게 무젖어 들고 나면 독서는 모름지기 별도의 단계를 강구하지 않아도 된다."

기초를 다지고 바탕을 만드는 것이 우선인데 이는 먼저 인간이 되라는 말이다. 다산은 효제(孝悌)를 실천함으로써 다질 수 있다고 했다. 시간이 걸리더라도 마음 자세를 먼저 가다듬고 한 분야를 읽더라도 터를 굳건히 다진다는 생각으로 읽으라는 의미다.

다산은 어떤 때는 핵심만 골라 읽고 어떤 때는 진도를 빨리 나가지 말고 진득하니 터를 다진다는 생각으로 읽으라고 한다. 이는 나의 지식 상태와 책을 읽는 목적에 따라 선택하면 될 것이다.

4. 당구첩경(當求捷經) 하라!

네 번째는 '지름길로 가는 독서법'이다. 당구첩경(當求捷經), 마땅히 지름길을 구하라는 뜻이다.

"가을이 깊으면 열매가 떨어지고, 물이 흘러가면 도랑이 만들어진다. 이는 이치가 그런 것이다. 너희들은 모름지기 지름길을 찾아서 가야지, 울퉁불퉁한 돌길이나 덤불이 우거진 속으로 향해 가서는 안 된다."

위 문장은 다산이 제생을 위해 해준 말이다. 다산은 독서를 함에 있어서 바른 방법으로 하지 않으면 고생만 하고 성과는 없게 된다고 했다. 여기서 바른 방법이란 '당구첩경(當求捷經)', 마땅히 지름길을 구하라는 말이다. 그런데 이 지름길은 요령이 아니다. 다산은 과거시험을 공부하는 아들에게 아무도 보지 않는 '한위(漢魏) 시기의 고시'를 먼저 가르쳤다. 모두가 의아해했지만 그 바탕이 완성되고 시를 짓게 하자 모두 감탄했다고 한다. 처음부터 과거시험 문제 위주로 공부한 것이 아니다. 어쩌면 인문고전과 자기 계발 도서의 관계일 수도 있다. 인문고전으로 정신을 다지고 그 위에 자기 계발 도서로 실천하면 지름길이 된다.

다산의 인문고전 독서법에 관한 책은 수도 없이 많다. 나는 힘든 시기에 정민 교수의 『다산 선생 지식 경영법』을 읽으며 독서 습관을 만들고 희망을 가지게 되었다. 여기서 소개한 네 가지 독서법은 적어도 내가 실천해보고 인문고전 독서법으로 가장 적합하다고 판단한 내용을 정민 교수의 책에서 발췌하고 인용한 것이다. 누구는 이것을 통틀어 초서(鈔書)독서법이라고도 말한다. 나는 초서(鈔書)를 두 번째 독서법인 '분류하고 정리하는 독서법'에 포함시켰다. 읽은 것을 초록하여 가늠하고 따져보는 것은 정리 속에 포함되는 것이다. 어떤 독서법이 자신에게 가장 잘 맞는지 적용해보고 선택하는3 지혜가 필요하다고 본다.

4

마인드맵으로 정리하는 요약 독서법

"머릿속에서 아이디어를 끄집어내야 하는 상황에서는
언제 어디서나 마인드맵이 최고의 방법이 될 것이다."

– 토니 부잔 –

마인드맵으로 발표하다

"안녕하세요. 오늘 독서 토론 발표는 마인드맵으로 해보겠습니다."

"송쌤, 마인드맵에 대해 간단하게 소개해주세요."

"네. 방사 구조로 되어 있는 마인드맵이라는 도구를 활용해서 책 내용을 효과적으로 요약하고 기억할 수 있는 정리 방법입니다."

　나는 〈한책협〉에서 독서 토론 발표를 할 때면 항상 마인드맵을 활용한다. 사람의 기억력과 정리하는 능력은 한계가 있다. 이를 보완해줄 수 있는 방법이 도구를 사용하는 것이다. 나는 책을 읽고 핵심 내용을 정리하면서 마인드맵을 활용해보았다. 책 한 권을 정리하기 위해서는 많은 지면을 할애해야 하는데 마인드맵은 한 장으로 정리가 가능하다. 뿐만 아니라 정리한 독서 카드는 발표에도 활용할 수 있다. 내가 말하고자 하는 방향으로 마인드맵을 작성해나가면 된다. 발표는 시계방향 순서대로 진행하면 된다.

마인드맵 창시자인 토니 부잔의 『마인드맵 북』에 보면 개인에서부터 가족, 교육 현장, 비즈니스와 전문직의 경영 현장 등에서 활용할 수 있는 방법을 제시하고 있다. 여기서는 '한 권의 책을 마인드맵 하기.(p.278~280)' 라는 부분을 인용해서 소개한다.

〈준비 단계〉

1. 마음 내키는 대로 읽기(10분)

책을 자세히 읽기 전에 재빨리 개략적으로 살펴보는 것이 중요하다. 책의 앞뒤 표지와 목차를 읽어보고 여러 번 책을 휙휙 넘겨서 그 책이 주는 전체적인 느낌을 파악하는 것이 가장 좋은 방법이다. 그리고 커다란 백지나 마인드맵 용지를 준비하여 주제나 제목을 요약한 중심 이미지를 그린다. 책의 표지나 내용 중 중심 이미지에 적합하다고 느낄 정도로 눈에 띄거나 두드러진 이미지가 있다면 그것을 사용해도 좋다.

이때 중심 이미지에서부터 뻗어나오는 주 가지에 들어갈 내용이 확실히 보인다면 중심 이미지와 동시에 같이 그려도 된다. 주 가지에 해당될

만한 것으로는 책의 주요 단원이나 장, 책을 읽어 나가면서 파악한 이 책을 쓴 목적 등이 있다.

이처럼 초기 단계에서 마인드맵을 시작하면 두뇌가 중심 초점에 집중하고 책의 기본 구조를 파악할 수 있다. 이 절차를 통해 책을 공부하면서 얻게 되는 모든 정보를 통합하여 자기 것으로 흡수할 수 있다.

2. 학습 시간과 학습량 정하기(5분)

학습 목적, 책의 내용, 난이도, 이미 알고 있는 지식의 양을 고려하여 전체 학습에 열중할 시간과 각 학습 시간에 다루게 될 학습량을 정한다.

3. 주제에 대해 이미 알고 있는 지식을 마인드맵으로 정리하기

책과 앞서 만든 마인드맵은 접어 두고, 새로운 백지 한 장을 준비해 앞으로 학습하려는 주제에 대해 이미 알고 있는 모든 지식을 쏟아 부어 최대한 빠른 속도로 속성 마인드맵을 만든다. 여기에는 처음에 책을 훑어보면서 파악한 정보, 지금까지 살아오면서 습득한 일반적 지식, 특정 항목 등 주제와 관련 있는 것은 무엇이든 포함된다.

대부분의 사람들이 주제에 관련하여 자신이 알고 있는 지식이 생각보다 훨씬 많다는 것을 알고 놀라워한다. 이 과정은 두뇌에 적절한 연상 결합을 불러일으킨다. 두뇌의 표면에 연상 결합을 이끌어 내는 기억의 갈고리를 만들어주는 것이다. 공부하고 있는 주제와 관련된 모든 정보를 끌어 모으기 때문에 특별한 가치가 있다. 또한 이 과정은 자신의 지식에서 강한 부분과 약한 부분을 식별할 수 있게 해주고 보충해야 할 영역이 무엇인지 가르쳐준다.

4. 목표를 정하고 마인드맵으로 정리하기(5분)

이 단계에서는 방금 완성한 마인드맵에 다른 색상의 펜으로 알고 있는 지식을 추가하거나, 새로운 백지에 책을 읽는 동안 세웠던 목표에 대한 또 다른 속성 마인드맵을 재빨리 하나 더 만들 수 있다. 이 목표는 해답을 알고 싶은 특정 질문의 형식을 취할 수도 있고, 더 자세히 알고 싶은 지식 부분이나 습득하고자 하는 기술이 될 수도 있다. 이런 방법으로 학습 목표를 마인드맵으로 작성하라. 그러면 목표와 관련하여 머릿속에 떠오르는 모든 정보를 시각/두뇌 시스템에 등록할 가능성을 크게 높여 준다. 학습 목표 마인드맵은 배가 고파 먹을 것을 찾을 때 자동적으로 두뇌에 자극을 주는 '식욕'과 같은 역할을 한다. 며칠을 굶은 사람이 음식에 집착하게 되는 것과 같이 잘 준비한 마인드맵은 지식에 대한 '허기'를 더욱 강하게 느끼게 할 것이다.

〈적용 단계〉
5~8. 개관 단계, 미리 보기, 세부 검토, 복습

준비 과정을 마쳤으면 읽기의 4단계(개관 단계, 미리 보기, 세부 검토, 복습)를 시작할 준비가 되었다. 읽기의 4단계는 책의 내용에 더욱 깊이 빠져들게 한다.

이 시점에서는 책을 읽어 나감과 동시에 마인드맵을 할 수도 있고, 책을 읽으면서 표시해두었다가 나중에 마인드맵을 완성할 수도 있다. 둘 중 어느 방법을 선택하느냐 하는 것은 전적으로 개인적인 문제이며 두 방법 다 효과적이다.

① 책을 읽어가면서 마인드맵을 하는 것은 책에서 전개되는 지식의 패턴을 반영하며 저자와 지속적으로 대화를 하는 것과 비슷하다. 또한 이 방법은 정보의 핵심을 얼마나 잘 이해하고 있는지, 초점은 잘 맞추고 있는지를 계속 확인하게 해준다.

② 책을 다 읽은 후에 마인드맵을 하는 것은 책의 내용을 완전히 이해한 후 마인드맵으로 표현한다는 것을 의미한다. 따라서 이러한 마인드맵은 책을 초점에 맞추어 제대로 이해하게 해주기 때문에 복습이 따로 필요하지 않다.

어떤 방법을 선택하든, 책을 마인드맵으로 정리하는 데는 2가지 방법이 있다는 것을 기억하라. 단순히 저자의 생각을 마인드맵 형태로 옮기는 것이 목적이 아니라, 자신의 배경 지식에 저자의 생각을 조직화하고 통합하여 특정 목표에 맞추어 이해하고 해석하는 것이다. 따라서 마인드맵은 자신이 읽은 것에 논평, 생각, 창의적인 이해를 더해야 한다. 다양한 색깔이나 부호를 사용하면 저자가 준 정보와 자신이 기여한 정보를 구별할 수 있다.

마인드맵의 장점은 네 가지로 정리할 수 있다. 첫째, 자신이 얼마나 알고 있는지에 관한 전체 정보를 그림으로 언제든지 쉽게 볼 수 있다는 것이다. 둘째, 한 권의 책을 한 장으로 요약하기 때문에 직선 노트보다 훨씬 적은 공간을 차지한다. 셋째, 어떤 주제에 관해서든 자신의 지식을 통합하는 구조와 중심 초점을 두뇌에 제공한다. 넷째, 두뇌의 지적 욕구를 증대시킨다.

요즘은 마인드맵 어플을 다운받아서 스마트폰에서도 사용할 수 있다. 어플을 다운받으면 마인드맵이 미리 그려진 프로그램이 나온다. 제목을 입력하고 가지를 만들어가면서 이름을 입력하는 형식으로 되어 있다. 언제 어디서나 활용이 가능하다. 다양한 디자인과 색상을 통해 시각화할 수 있다. 스마트폰 어플은 강연을 위한 준비도 동시에 할 수 있다. 그리고 파일로 저장이 가능하며 여러 장을 프린트해서 활용할 수 있다는 장점이 있다.

마인드맵으로 정리하는 요약 독서법은 보통 책 한 권 기준(250쪽 분량)으로 약 4시간 정도 소요된다. 숙달되면 시간은 더 단축될 수 있다. 준비 단계와 적용 단계로 구분하여 2단계로 진행한다. 준비 단계는 마인드맵의 중심 이미지를 만들고 책의 기본 구조를 파악하는 것에 집중한다. 적용 단계에서는 개관을 통해 마인드맵의 주 가지를 만든다. 그리고 세부 사항을 채워나간다. 주 가지를 다 채우면 복습을 통해 최종 보완하여 완성한다. 스마트폰 어플을 사용하는 것도 효율적이다. 인문고전은 독서 후 나만의 생각을 정리하는 것이 중요하다. 마인드맵은 책 한 권을 요약하면서 나의 생각을 같이 채워나갈 수 있는 효과적인 인문고전 독서법이다.

5

1년에 같은 주제의 책을 10권 읽는 독서법

"세상의 여러 위인 중에서 독서를 하지 않는 사람은 없다.
책을 읽지 않는다는 것은 무지하다는 점에서 문맹자와 별반 다를 바 없다."

― 피터 드러커 ―

피터 드러커의 독서법

"송 소령, 지금부터 내가 하는 말을 잘 받아 적어서 그대로 해다오."

"네, 준비되어 있습니다. 말씀하십시오."

"나는 인사 분야 전문가라서 작전 분야에 모르는 게 많을 거야. 그래서 큰 훈련이나 예하 부대 현장을 지도할 때 내가 무슨 책을 읽어야 하는지 미리 알려주고 준비해달라는 거야."

"네, 그럼 몇 일 전부터 준비를 해드리면 되겠습니까?"

"내가 책을 읽는 속도가 느리지는 않으니까 1권은 1일 전에 2권이면 2일 전에 이런 식으로 계산하면 될 거야."

"네, 잘 알겠습니다. 당장 2일 후에 106미리 무반동총과 4.2 박격포 사격이 있습니다. 각각 기술교범과 전술 교범을 준비해서 드리겠습니다."

"그래. 준비되면 보고해라."

다음 날 J연대장은 기술교범 2권과 전술 운용이 담긴 교범 1권을 모두 읽었다고 했다. 30분 단위로 시간 계획이 잡혀 있는 바쁜 일정 가운데 3권을 다 읽은 것이다. 내 상식으로는 쉬운 일은 아니었다. 잘 이해가 되지 않는 부분은 현장에서 중대장들과 전술 토의를 했다. 언제나 왜? 어떻게?라는 질문을 던지면 문제가 보이고 답이 보인다고 했다. 그리고 부대가 어려운 일에 봉착하면 항상 긍정 마인드로 말했다.

"문제는 해결하라고 있는 거다! 자 해결해보자!"

장교로 복무한 20년 동안 이처럼 훌륭한 지휘관은 드물었다. 계급과 경험으로 지휘하는 지휘관이 아니었다. 그는 부하들에게 솔직했고, 자신이 부족하다고 생각하면 서슴없이 참모들의 도움을 요청했다. 그리고 반드시 부족한 부분을 채워나갔다. 106미리 무반동총이며 4.2 박격포에 대해 어떻게 자세히 알겠는가? 대충 경험적인 요소로 지휘하는 게 아니라 생각나지 않는 것은 반드시 교범을 찾아서 읽고 이해한 상태에서 현장에 나갔다. 그리고 현장에서도 일방적인 지시나 통제는 없었다. 대신 물어보고, 이야기하고, 부하들과 함께 발전시켜나가는 것을 좋아했다.

그는 장군이 되어서도 마찬가지였다. 다른 장군들은 장군 별판을 붙인 관용차를 이용해서 출장을 다녔지만 그는 전투배낭 속에 서류를 넣고 KTX를 타고 출장을 다녔다. 그는 지독한 독서광이었다. 부임지마다 독서를 장려했다. 희망과 사랑과 용기를 심어주었다. 그는 이 시대의 진정한 리더이고 존경받는 장군이다. 지금은 육군사관학교장이라는 중책을 맡고 있는 J장군이다.

앞서 말했듯이 J장군은 독서광이다. 그런데 그 독서 방법이 경영학의 대부로 불리는 피터 드러커의 독서법과 비슷하다. 한 가지 특정 주제를 선정하고 관련 도서 수십 권을 집중적으로 읽어나가는 독서 방식이다. 나는 이 방식이 인문고전 독서법으로 적합하다는 생각을 했다. 그래서 피터 드러커의 독서법을 집중적으로 연구했다.

피터 드러커(Peter F.Drucker)는 시대를 대표하는 경영 이론가로 1909년 11월 19일 오스트리아 빈에서 태어났다. 그는 2005년 96세를 일기로 사망하기 전까지 저술 활동을 멈추지 않았으며 30여 권의 저서를 발표했다. 그의 저서를 보면 1960년대에 이미 4차 산업혁명의 지식사회를 예견했다. 지식이 큰 가치가 될 것을 알고 있었던 것이다.

피터 드러커는 어렸을 때부터 매일 도서관에서 책을 읽는 습관이 있었다. 그의 주변에는 철학자, 과학자, 예술가 등이 많아서 어려서부터 조숙했다는 말을 많이 듣고 자랐다. 그는 자신만의 공부법이 있었다. 3년마다 하나의 주제를 완전히 파고들어 전문가 수준이 되는 것이다. 96세까지 이 독서법을 적용해서 약 20개 분야에서 전문가가 되었다. 더 중요한 것이 있다. '3년 단위의 한 주제 집중 연구'가 서로 연결되고 확장되면서 지식의 폭발을 가져왔다는 것이다. 그는 계속해서 분야를 옮겨가며 연구했는데 이로 인해 직업도 계속 바꾸었다. 처음에는 무역회사, 그 다음에는 금융회사, 신문사 기자, 보험회사, 은행원, 대학 강사, 교수, 작가, 경제학자로 9개의 직업을 가졌었다.

피터 드러커 하면 '시간 경영'을 빼놓을 수 없다. '시간을 사용하는 패턴을 보면 그 사람이 어느 정도 그 일을 중요하게 생각하는지 알 수 있다.' 그는 이 말을 독서에도 적용했다. 그래서 독서할 때도 목표와 비전을 세우라고 했다. 어떤 목표를 두고 독서를 하는지, 독서 후에는 어떤 비전을 가질 것인지 미리 설정하라고 했다. 그의 독서는 총 3단계로 진행하는데 계획을 세우는 것부터 시작된다.

첫째, 3년간 연구할 주제를 선정한다.

둘째, 독서 목표를 세운다. 이때 1일, 1주, 1달, 1년간 읽어야 할 책의 수를 정한다. 그리고 3년 동안 매년 반복한다.

셋째, 이렇게 연구한 결과가 이루어낼 비전을 만든다.

실제로 그는 통계학, 중세 역사, 경제, 일본 미술 등 3년마다 주제를 선정해서 하루 3시간 이상씩 60년간 지속했다. 하루 3시간 3년이면 3,285시간이다. 1만 시간의 법칙이 전문가 수준이라면 3,285시간은 일반적인 수준은 넘는다. 그리고 각 영역이 연결되면서 확장되는 이점이 있다.

한 주제를 1년간 10권 읽는 독서

나는 피터 드러커처럼 한 분야를 1년 동안 10권 이상 읽는 독서를 해보았다. 처음에는 한 달에 한 권도 안 되는 분량이라 얕잡아봤다. 한 분야를 1년 동안 연구한다고 해서 다른 책을 전혀 읽지 않는 게 아니다. 그러다 보니 계속 유지하기가 어려웠다. 결국 이리저리 헤매는 독서가 되기 쉽다. 그래서 월별로 읽어야 할 책을 정해 놓고 10권을 한 번에 주문해서 책상 위에 두어야 한다. 그리고 항상 정해진 시간이 되면 그 책을 읽어야 한다. 그 시간을 습관으로 만드는 게 중요하다. 나는 그 시간을 새벽 시간대와 잠자기 전 시간대로 정했다. 잠자기 전 한 시간, 새벽 네 시부터 여섯 시까지 두 시간으로 총 세 시간을 독서에 할당했다.

그런데 마음먹고 독서를 하려면 항상 방해꾼이 생기게 마련이다. 이는 평상시 하던 습관이 아닐 경우 더욱 심하게 느껴진다. 예를 들어 새벽에 독서하는 시간으로 정했는데 갑자기 그 달에 체력 검정이 있으면 그 시간은 운동으로 바꿔야 한다. 당연히 시간이 옮겨지면 습관으로 이어지기가 어렵다. 그래서 계획을 세울 때 이런 방해꾼에 대한 대비도 필요하다. 가급적이면 새벽 운동 대신 저녁 운동으로 대체하고 책 읽는 시간을 보장해준다. 잦은 회식이 있을 경우, 참석은 하되 술은 지양한다. 1차로 종결하고 집으로 가는 차 또는 지하철 이동 시간을 최대한 활용한다.

그런데 이게 가능하려면 매일 아침 그날의 일정을 스스로 세우고 잠재의식을 통해 자신을 통제해야 한다. 그래야 내 생활이 통제가 되고 심리적 안정을 계속 유지할 수 있다. 정서적으로 안정이 되면 독서의 깊이도 달라진다. 더욱 집중할 수 있기 때문이다. 마이크로소프트의 빌 게이츠도 새로운 분야를 시작하기 전 관련 책을 쌓아 놓고 계속 읽는다고 한다. 일정 기간 그 주제의 책 수십 권을 읽고 나면 자신이 알고 있는 부분과 모르는 부분이 명확해진다고 한다. 그때부터 모르는 부분은 창의성이 요구되는 영역으로 분류한다. 그리고 이런 영역에서 새로운 아이디어가 나오는 것이다.

내가 존경하는 J장군은 경영학 이론가 피터 드러커처럼 한 주제를 정하고 수십 권을 읽어서 내 것으로 만드는 독서광이다. 이런 독서법을 '주제 독서법'이라고 한다. 주제 독서법은 인문고전이나 전기, 작가 전집 읽기 등에 매우 효과적인 방법이다. 특정 분야에 깊이 있는 지식을 만들 수 있다. 피터 드러커는 3년마다 한 개씩 주제를 정한 독서로 평생 20여 개 분야의 전문 지식을 쌓을 수 있었다. 이런 지식을 바탕으로 96세로 사망하기까지 30여 권의 책을 출간했다. 3년은 길다. 1년마다 주제를 바꿔가며 매년 10권 씩 깊이 있는 독서를 해보기 바란다. 어렵다고 하는 인문고전도 이렇게 읽으면 부담이 덜할 것이다.

사마천, 『사기』,
"여불위열전에서 빅 픽처와 쾌락의 종말을 보다."

여불위가 진시황제의 아버지인 자초 왕자(조나라에 인질로 있을 때)에게 한 말이다. 이 말 속에는 엄청난 계략이 담겨 있었다.

"우리 집안은 그대의 집안이 일어나면 일어날 수 있소. 그대는 가난하고 여기서 객지 생활을 하고 있으니, 친척들에게 선물을 바치고 빈객을 끌어 모을 수 없소. 나 역시 가난하지만, 그대를 위하여 천금을 갖고 진으로 가 안국군과 화양부인을 움직여 그대를 후계자로 세우도록 해보겠소."

– 여불위의 빅 픽처가 시작되는 부분

여불위는 태자(안국군)가 사랑하는 화양 부인을 찾아가서 자초를 아들로 삼고 후계자로 세우라며 설득한다.

"아름다운 얼굴로 얻은 사랑은 용모가 시들면 그 사랑도 식는다고 한다. 지금 부인이 태자(안국군)를 섬겨 큰 총애를 받고 있으나 자식이 없다. 이때 빨리 여러 아들 중 어질고 효성스러운 자와 돈독한 관계를 맺어, 그를 후계자로 세운 후 아들로 삼지 않으면 안 된다. 자초는 어질지만 장남이 아니라 순서상 후계자가 될 수 없다는 것, 또 자기 어머니도 태자(안국군)의 사랑을 못 받는다는 것을 잘 알고, 부인에게 의지하려고 한다. 부인이 만약 이때를 놓치지 않고 그를 끌어올려 후계자로 삼는다면, 부인은 평생토록 진에서 사랑을 받을 것이다."

– 여불위가 화양 부인을 찾아가서 설득하는 내용

사마천의 『사기』, "여불위열전"에서 여불위는 장사꾼에서 일국의 재상의 자리까지 오르는 인물이다. 심지어 자신의 아이를 임신한 여인을 왕이 되는 자초에게 보내어 자식을 낳게 하는데 그가 진시황이다. 결국 진시황은 여불위의 자식이라는 이야기다. 당시에 DNA검사를 할 수 있는 것도 아니라서 정확성은 떨어질 수 있다. 그러나 스토리의 내막은 여불위가 진시황제의 생부라는 추측을 낳게 한다. 나는 여불위의 큰 그림을 그리는 빅 픽처 능력에 초점을 맞추었다. 자초와 화양 부인을 설득해서 자초를 태자의 자리에 올리고, 자신의 후손이 황제가 되도록 만드는 빅 픽처. 대단한 상상력이다. 그리고 그것을 이루어내는 치밀함은 혀를 내두를 만하다.

나는 지금까지 인생의 빅 픽처를 그리지 못했다. 단순한 목표만 선정하고 달려가는 수준이었다. 『사기』를 읽으면 반드시 드는 생각이 있다. 큰 그림을 그리고 하나씩 만들어나간다는 것. 책 한 권 읽고 얼마나 변할 수 있겠는가? 하지만 그마저도 하지 못한다면 어쩌겠는가?

다시 여불위의 이야기로 돌아가보자. 부도덕한 쾌락의 종말은 동서고금을 통해 긍정적으로 끝난 이야기가 없다. 쾌락의 달콤함 뒤에는 바닥으로 떨어지는 수치심과 고통을 감수해야 한다. 사람이 벌을 주지 않더라도 세상의 진리가 벌을 주는 것이다. 결말이 비참할 것인가? 아니면 지금의 쾌락을 자제할 것인가? 부도덕한 행위와 맞닥뜨리면 결말의 비참함을 생각하면 된다. 이는 곧 내 판단의 기준이 되었다.

6

유튜브, 해설서, 책을 연결하는 3단 독서법

> "21세기에 성공하기 위해서는 우리는 더 많이 연결되고,
> 다른 사람들이 어디 출신인지 잘 이해하고,
> 우리 모두 연결되어 있다는 데 대해 더 감을 잘 잡고 있어야 한다."
>
> — 마크 주커버그 —

쉽게 시작하고 꾸준히 읽어라!

"지금 읽고 계신 책 제목이 뭐예요?"

"네, 『곁에 두고 읽는 니체』라는 책입니다."

"아, 네. 어려운 책 읽으시느라 고전하시겠네요! 인문이 고전하는 게 아니라 읽는 사람이 고전한다고 인문고전이라지요? 호호호."

"하하하. 사서님이 제일 고생이 많으시지요. 사서 고생하시는 직업이시라."

"아, 그런가요? 호호호."

우장산숲속도서관 K사서는 늘 친절하고 재미있으신 분이다. 하루에 수백 권의 책을 만지며 제목을 찍고 반납된 책을 정리한다. 그래서 책 제목만 봐도 어떤 내용인지 감으로 안다고 한다. 마치 군 생활 20년 하면 신병 면담만 해봐도 군 생활을 어떻게 할지 훤히 보이는 것과 같은 이치다.

인문고전을 대부분 어렵다고 생각한다. 어려운 건 사실이지만 독서법에 따라 얼마든지 재밌게 읽을 수 있다. 나는 수년간 인문고전을 읽다 보니 중요한 이치를 깨닫게 되었다. 딱 두 가지로 정리할 수 있다. '배경 지식과 재미'이다.

첫째, 인문고전은 배경 지식이 많을수록 이해가 쉬워진다. 그래서 배경 지식을 많이 쌓기를 권한다. 저자의 고향이나 유물이 있는 박물관을 찾아가서 직접 눈으로 보고 느끼는 방법도 있다. 그런 곳에는 안내 책자나 간판 등에 핵심을 잘 요약해놓았다. 그런 자료부터 읽어보면 된다. 해외의 경우 인터넷에서 찾아보거나 사진 자료를 활용하는 방법도 괜찮다. 하나하나 검색하다 보면 눈에 익게 되고 배경 지식으로 쌓이게 된다.

둘째, 재미있게 공부하면 된다. 처음부터 어려운 책을 선택하지 않는 게 좋다. 바로 부딪히면 이해도 안 되고 금방 지루해져서 아예 손을 놓을 수 있다. 그래서 재미있는 방법을 찾아야 한다. 요즘은 유튜브나 교육방송 다큐프로그램 등에 인문학을 소개하는 영상이 많이 있다. 이런 자료들은 인문고전을 어렵지 않게 이해하도록 도와준다.

세상이 인문학 열풍으로 '너도 나도 인문학 하니까 나도 책부터 읽어야 겠다.' 이런 조급함은 전혀 도움이 되지 않는다. 앞서 말했듯이 인문학은 배경 지식과 재미가 있으면 훨씬 이해가 쉬워지고 꾸준히 해나갈 수 있다. 갓난아기가 걸음마를 하는 것과 같은 이치다. 갓난아기를 눕혀 놓고 키우다가 엄마가 박수를 치고 여기저기 전화를 하는 사건이 '뒤집기'이다. 아기는 이 '뒤집기' 기술을 익히기 위해 수백 번도 넘는 시도를 한다. 그러면서 팔과 엉덩이, 다리에 근육이 생기고 젖 먹던 힘을 다해 몸을 돌리는 순간 바닥도 있음을 보게 되는 것이다. 천장만 보다가 바닥을 보면 신세계다. 이제 원하기만 하면 바닥과 천장을 번갈아가며 볼 수 있다. 한 번 '뒤집기'가 어렵지 성공하고 나면 아무것도 아니다.

인문고전 독서도 마찬가지다. 무슨 뜻인지 잘 몰라도 계속 읽다 보면 인문고전의 근육이 쌓이면서 어느 순간 본질을 보게 되는 것이다. 이때 부터는 지식의 연결을 통해 확장이 이루어지는 신세계를 보게 된다.

인문고전 독서를 하면서 유의할 점이 있다. 매일 30분 이상 꾸준히 읽는 습관을 만들어야 한다. 헬스클럽에서 멋진 몸을 만들기 위해서는 코치의 코칭에 따라 매일 반복 운동을 해야 한다. 의욕이 넘친다고 하루에 몇 시간씩 운동하면 금방 지치고 다음 날 다시 이어서 할 수 없다. 몰아서 운동을 하거나 불규칙한 운동 습관으로는 절대 좋은 몸을 만들 수 없다. 인문고전 독서도 마찬가지다. 하루 이틀 반짝해서 의욕적으로 책을 읽는다고 금세 통찰력이나 본질을 보는 눈이 생기지는 않는다. 매일매일 잠재의식에 인문고전의 지혜를 30분 이상 심어주어야 근육이 생기는 것이다. 그래서 처음부터 조급하게 욕심을 부리면 안 된다.

인문고전 3단 독서법

나는 유튜브, 해설서, 책으로 이어지는 3단 독서법을 만들었다. 이 독서법의 목적은 앞서 이야기한 '배경 지식 쌓기와 재미 붙이기'라고 할 수 있다. 진행은 다음과 같은 순으로 한다.

① 책 구매하고 목차만 보기

② 해당 책의 유튜브 강의 3편 이상 보기(책의 저자1, 다른 책 저자1, 기타 전문가 1), 해설서(서평이나 독후감, 독서 토론 결과 자료 등) 찾아 읽기

③ 책 읽기

먼저 책을 구매하고 목차만 보기이다. 목차만 살펴보고 책의 흐름만 생각한 후 다음 단계로 넘어간다. 해당 책의 유튜브 강의는 반드시 서로 다른 3명 이상을 선정한다. 책의 저자가 직접 강의한 자료, 책 제목은 다르더라도 같은 주제의 다른 책 저자가 강의한 자료, 기타 전문가로서 해당 주제를 강의한 자료를 보면 된다. 이때 각각의 강의 자료를 메모하면서 비교해보면 그 책의 수준을 알 수 있다. 유튜브 강의 동영상으로 배경 지식을 쌓고 나서 미리 준비한 해설서를 읽는다. 해설서는 별도의 책으

로 구분되어 판매되는 것도 있다. 그건 어떤 책이냐에 따라 해설서가 있기도 하고 없을 수도 있다. 그럴 때는 인터넷에서 서평, 독후감, 독서 토론 결과를 올려놓은 자료 등을 읽으면 된다.

서평은 크게 독자 서평과 출판사 서평으로 나뉜다. 독자 서평은 독자마다 읽은 소감이 다를 수밖에 없으므로 다양한 생각을 볼 수 있다. 출판사 서평은 판매에 목적이 있기 때문에 장점 위주로 쓰여 있다. 해설서를 읽으면서 중요하게 자주 등장하는 단어들을 별표하고 전반적인 책의 흐름을 파악한다.

위의 배경 지식이 쌓이면 적어도 전반적인 책의 흐름은 인지한 상태에서 읽게 된다. 저자가 직접 강의한 동영상을 유튜브로 들으면 문장 속 어려운 단어도 이해가 쉽다. 그래도 책을 읽다가 막히면 그냥 그대로 계속 읽어간다. 멈추면 비로소 보이지 않는다. 일단 건너뛰어라. 이렇게 하는 이유는 내 머릿속에 해당 인문고전의 길을 만들기 위함이다. 잔디밭에 한두 사람이 다니다 보면 오솔길이 생긴다. 우리 머릿속도 한두 번 인문고전의 길을 만들어 두면 다음에 읽을 때 더 확장될 수 있다.

피터 드러커처럼 목표를 정해두고 읽어라. 하루 중 가용한 시간을 미리 만들어 1일 목표량을 설정한다. 분량이 많은 책은 1주일 독서 계획표를 만든다. 해도 그만 안 해도 그만이라고 생각하지 않도록 적절한 보상도 해주면 좋다. 가령 내가 목표한 분량을 읽게 되면 나를 위한 지출을 한다. 앞의 내용이 잘 생각이 나지 않는다고 다시 앞으로 돌아가지 마라. 우리는 시험공부를 하는 것이 아니다. 어차피 책은 한 번 읽기로 끝나는 것이 아니다. 다시 읽기를 통해 해결할 수 있다. 모든 내용을 다 기억할 필요도 없다. 내가 읽는 목적을 달성하는 읽기를 하면 된다.

만약 직접 운전하면서 출·퇴근 하는 직장인이라면 오디오북으로 효율성을 높일 수 있다. 오디오북은 쉽고 편하게 들을 수 있는 장점이 있다. 특히 내가 잘 이해가 안 되는 부분은 다시 돌려서 듣고 반복해서 들을 수 있다. 직장에서나 가정에서도 책을 들으면서 다른 일을 할 수도 있다. 나는 매일 40분 정도를 직접 운전하면서 출·퇴근 한다. 그래서 이 시간은 나의 또 다른 공부 시간이다. 오디오 북은 내가 직접 제작하는 경우도 있다. 잘 이해가 되지 않거나 중요한 부분은 내가 직접 녹음해서 운전하며 듣는다. 내 목소리를 들으면 처음에는 어색하지만 자주 들으면 오히려 기억하기도 좋다.

나는 책을 읽을 때 중요한 문장은 바로바로 밑줄을 그어가며 표시를 한다. 그리고 나의 생각을 책 여백에 기록한다. 이렇게 읽으면 나중에 다시 읽기를 할 때 처음부터 다 읽을 필요는 없다. 내가 표시해둔 중요한 부분만 읽으면 시간도 절약되고 저자의 생각도 되새길 수 있다.

세상에는 많은 독서법이 있다. 저마다 책을 읽는 방식이 다르기 때문이다. 그래서 나에게 적합한 독서법을 선택하는 것이 중요하다. 인문고전의 경우 무조건 처음부터 끝까지 읽으면 안 된다. 배경 지식이 없으면 이해하기가 어렵거나 속도가 나지 않기 때문이다. 이렇게 되면 금방 지치게 된다. 그래서 재미있게 읽어야 한다. 재미있게 읽으려면 자신에게 맞는 다양한 방법을 적용하면 된다. 그래서 나는 '유튜브, 해설서, 책 읽기'라는 3단 독서법을 만들었다. 나만의 독서법을 만들어서 책을 읽으면 효율적으로 읽을 수 있다. 그리고 독서에 대한 자신감도 생긴다. 인문고전을 처음 대하는 독자라면 3단 독서법을 추천한다.

7

영화와 함께하는 스토리 독서법

"상상력이 지식보다 중요하다.
지식은 한계가 있지만, 상상력은 세상을 품고도 남는다."

– 아인슈타인 –

영화로 스토리를 추출하라!

"다음 2주 후 독서 토론 책은 줄리언 반스의 『예감은 틀리지 않는다』입니다. 모두 잘 읽고 논제 준비해주세요. 논제는 1주일 이내 제출해주시는 거 잊지 마시고요."

"H쌤 논제 취합 날이 너무 빠듯해요. 너무 급하게 읽게 돼요. 방법이 없을까요?"

우장산숲속도서관 독서 토론 동아리 〈책벗〉은 늘 빠듯한 일정으로 진행하지만 모두 낙오 없이 잘 해나가고 있다. 각자 자신만의 독서법이 있어서 누구에게는 시간이 부족하고 누구에게는 여유가 있다. 그래도 시간이 부족한 입장에서 문제 해결을 하도록 도와준다.

"제가 좋은 방법 하나 알려드릴게요. 저는 시간이 부족할 때 영화나 유튜브 영상을 이용하는 '스토리 독서법'을 하고 있어요. 그냥 저만의 방법입니다."
"네. 구체적으로 알려주세요."

고전 명작 소설은 분량이 많은 장편소설이 대부분이다. 톨스토이의 『안나 카레니나』는 총 세 권 860여 쪽에 달하는 장편이다. 이런 경우 2주의 시간은 일반인이 일상생활을 하면서 모두 읽기가 버겁다. 그래서 나는 시간이 부족할 때 빨리 읽을 수 있는 방법을 연구했다. 영화를 먼저 보고 책을 읽는 것이다. 그런데 영화를 볼 때 주의할 점은 영화 자체에 너무 깊이 빠져들면 안 된다. 책을 영상으로 읽는다고 생각해야 한다. 그럼 단계별로 진행하는 방법에 대해 설명하겠다.

1. 책을 영화로 만든 작품을 선정하라.

1단계는 책을 영화로 만든 작품을 검색한다. 명작은 여러 편의 영화로 제작되기 때문에 자신이 좋아하는 배우나 영화 평점 등을 참고하여 선택한다. 예를 들어 줄리언 반스의 『예감은 틀리지 않는다』는 단 한 편의 영화로 제작되었다. 영국 배우 짐 브로드 벤트와 매력적인 샬롯 램플링이 주연으로 연기했다. 『안나 카레니나』는 워낙 유명한 작품이어서 영화로는 총 14편이 제작되었다. 그 중에서 비비안 리, 소피 마르소, 키이라 나이틀리가 주연한 3편의 영화가 유명하다. 나는 소피 마르소 주연의 『안나 카레니나』를 보았었다. 사춘기 시절에 소피 마르소는 책받침 공주였다. 그래서 그녀가 주연한 영화를 선택한 것이다.

2. 2배속으로 봐라.

2단계는 영화를 2배속으로 보는 것이다. 2배속으로 보는 이유는 대사 하나하나 장면 하나하나에 빠져들지 않기 위해서다. 영화가 목적이 아니고 지금 나는 독서를 하기 위해 스토리를 먼저 연구하는 것이다. 영화는 소설을 대부분 정확하게 반영하지만 극적인 효과를 위해 각색과 창작이 추가된다. 물론 원작자가 살아 있다면 사전 협의를 거치겠지만 말이다. 따라서 책에 없는 내용이 마치 있었던 것처럼 이해될 수 있기 때문에 유의해야 한다.

영화를 2배속으로 보면 스토리의 흐름을 상상할 수 있다. 자막은 거의 읽을 수 없는 수준으로 빠르게 지나간다. 그래도 띄엄띄엄 읽다 보면 영상과 함께 연결이 된다. 이때 유심히 봐야 할 점이 있다. 바로 등장인물 간의 관계와 성격 파악이다. 2배속으로 보면 표정이나 갈등 구조 등을 정확하게 파악하기 어려울 수도 있다. 그러나 고민할 필요 없다. 그냥 본 대로 쓰면 된다. 등장인물의 성격도 함께 기록한다. 굳이 어려운 단어를 쓸 필요는 없다. 내가 본 대로 느낀 대로 쓰면 된다. 예를 들어 〈예감은 틀리지 않는다〉에서 여주인공의 어머니에 대해 내가 본 느낌은 '친절하다. 소녀 같다. 그런데 뭔가 이상하다.'라고 썼다. 그리고 '뭔가 이상하다.'는 나중에 책을 읽으면서 '아, 그래서 내가 이상하게 느꼈구나!'라고 생각하게 되었다. 등장인물은 모두 기록할 필요는 없다. 주인공에게 영향을 주는 사람만 기록하면 된다. 종이를 반으로 나누고 왼쪽은 여자, 오른쪽은 남자의 이름을 위에서 아래로 기록한다. 영화를 다 본 다음 각 이름 옆에 간략히 성격을 기록하고 인물 관계도를 그려 나간다. 이때 좌우로 선을 연결하면서 사랑하는 연인 관계, 갈등하는 관계, 잘 생각이 나지 않으면 느낌상 긍정적인 관계, 부정적인 관계라고 쓴다. 같은 성(性)끼리 갈등도 있을 수 있다. 그때는 위, 아래에 호선을 긋고 그 옆에 관계를 쓴다. 영화가 워낙 빠르게 지나가기 때문에 기억을 떠올리기 위해서는 생각을 해야 한다. 그리고 잘 모르겠다고 생각되는 부분은 그냥 물음표(?)를 써놓으면 된다.

이제 나는 영화를 통해 이 책의 대의를 파악했다. 그리고 내가 알고 있는 부분이 있고 모르는 부분이 자동적으로 구분되어졌다. 종이 위에는 등장인물과 그들의 성격, 상호관계를 나타내는 도식이 만들어졌다. 책을 읽을 준비가 완료된 것이다.

3. 주인공 이름에 동그라미만 치며 빠르게 책장을 넘겨라.

3단계는 책장을 휙휙 넘기며 빠른 속도로 스토리를 파악한다. 이미 나는 영화를 통해 대략적인 스토리의 구조가 머릿속에 그려졌다. 각 페이지에서 남자 주인공의 이름이 나오면 빨간색 동그라미를 치고 그 주변에 있는 문장은 그냥 훑고 지나가면 된다. 처음부터 끝까지 5분이면 충분하다. 그다음 여자 주인공의 이름이 나오면 파란색 동그라미를 치고 그 주변에 있는 문장은 그냥 동그라미를 치는 순간 훑고 지나간다. 이 또한 책장 넘기는 시간만으로도 충분하다. 다음은 갈등 구조에 있는 대표적인 사람의 이름에 세모 표시를 하면서 같은 방식으로 훑어나간다. 이제 내 책에는 각 페이지마다 동그라미와 세모 표시가 되어 있다.

4. 정상 속도로 책을 읽어라.

4단계는 마지막 단계로 책을 속독으로 읽는다. 속독법을 배운 사람들처럼 읽는 것이 아니다. 기존에 내가 책을 읽는 속도보다 더 빠르게 읽을 수 있다는 것을 의미한다. 아무것도 모르는 상태에서 책을 읽는 것과 이미 스토리와 인물 관계를 알고 읽는 것의 차이다. 이 차이가 읽는 속도와 이해력을 높여준다. 마치 예습을 충분히 하고 수업에 들어가는 학생과 같다. 내가 질문할 거리도 준비되어 있고, 선생님이 말씀하시는 것도 쏙쏙 들어온다. 수업이 재미있을 수밖에 없다. 4단계에서 유의할 점은 빠른 속도로 읽어가면서 종이에 써놓은 인물 관계도를 수정해나가는 것이다. 책을 다 읽은 후에 하는 방법도 있다. 나는 그때그때 등장인물 간의 갈등을 읽으면서 관계도를 수정했다. 별로 수정할 것은 없지만 반전이 있는 대목에서는 X표시가 O표시로 바뀔 수도 있다. 그런 것도 놓칠 수 없는 재미 중에 하나다.

지금까지의 방법은 고전명작 소설에 적용하면 빠른 시간 내에 책을 읽을 수 있다. 나는 이 방법으로 서머싯 몸의『달과 6펜스』, 톨스토이의『안나 카레니나』, 줄리언 반스의『예감은 틀리지 않는다』, 카프카의『변신』, 니코스 카잔차키스의『그리스인 조르바』 등 많은 작품을 영화와 함께 읽었다. 한글 자막이 없는 경우에도 크게 문제되지 않는다. 내가 영어를 잘해서가 아니다. 배우들의 표정과 몸짓, 손짓 등이 말해주기 때문이다. 오히려 어떤 내용일 것이라는 추측을 하며 보는 것도 창의성을 키우는 방법이다.

인문고전 중에서 철학에 관한 책은 영화를 제대로 보는 게 더 도움이 된다. 예를 들어 공자의『논어』를 읽으려고 하면 먼저 공자의 일생을 다룬 영화를 검색한다. 그러면 1948년에 만들어진 무 페이 감독의 중국 드라마『작은 마을의 봄』과 2010년 개봉된 주윤발 주연의『공자 춘추전국시대』가 검색된다. 공자의 일생을 다룬 영화이므로 그의 활동상과 철학을 볼 수 있다. 철학자에 관한 영화를 2배속으로 보면 전혀 이해가 되지 않는다. 그래서 정상 속도로 보면서 미리 준비한 질문 거리에 스스로 답을 찾는 방법이 효과적이다. EBS의 〈다큐프라임〉이라는 방송도 철학과 역사 공부에 도움이 된다.

영화와 함께하는 스토리 독서법은 시간이 부족하거나 좀 더 깊이 있는 독서를 원하는 사람들에게 적합하다. 인문고전을 문학과 철학, 역사로 구분하고 각각에 맞는 시청 방법을 적용하면 된다. 문학은 2배속으로 시청하면서 책의 대의를 파악하고 인물 관계도를 작성한다. 그런 후 책을 빠른 속도로 읽어 나간다. 최종적으로 완성되는 인물 관계도는 앞서 제시한 마인드맵으로 정리를 하면 훨씬 효과적이다. 철학과 역사는 정상 속도로 시청하되 미리 질문 거리를 만들어 놓고 답을 찾아가는 방법을 추천한다. 그리고 다시 책을 읽으면 이해하는데 도움이 될 것이다. 영상은 책을 읽기 전이나 읽은 후 우리의 생각을 시각화하기 때문에 좋은 도구라 생각된다.

호메로스, 『오디세이아』,
"고난과 시련은 성공으로 가는 과정이다. 힘을 내자!"

"내가 젊어서 실력에 자신이 있었던 무렵에는, 제법 으뜸으로 손꼽혔다고 생각합니다. 이제는 물론 재앙과 고난 때문에 좌절되고 말았지만요. 그럴 수밖에요, 너무나 여러 번 무사들의 전쟁이나 괴롭고 고통스러운 풍파에 시달려 왔으니까요. 하지만 그런 일로 몹시 심한 꼴을 당한 끝이기는 하지만, 경기에 참가해보기로 합시다. 당신 말씀은 내 마음에 충격을 주었지만, 그로 인해 나에게 용기를 주신 셈이니까요."

– 원반 던지기 경기에 출전하라는 말에 대해 지혜로운 오디세우스가 하는 말

호메로스의 『오디세이아』는 트로이 전쟁이 끝나고 귀향하는 오디세우스의 여정을 다루고 있다. 사람이 겪을 수 있는 온갖 종류의 고난이 등장한다. 오디세우스가 헤쳐나가는 모습에서 삶의 용기와 희망을 생각하게 하는 대서사시이다. 나는 온갖 종류의 고난이 3재라는 이름으로 내 앞에 펼쳐졌을 때 좌절하고 말았다.

아프가니스탄 전쟁에서는 삶과 죽음의 기로에서 엄청난 무게의 공포감을 견뎌야 했다. 그래도 오디세우스가 귀향을 위해 생존했듯이 나는

살아서 귀국한다는 목표로 버텨왔었다. 그런데 귀국해서 맞이한 것은 엄청난 채무와 함께 삶의 비참함을 느끼게 하는 고난이었다. 나도, 오디세우스도 똑같이 좌절했지만 오디세우스는 달랐다. 그는 자신을 찾아가는 과정이었고, 인간이 되어가는 과정이었다. 유혹을 이겨내고 귀향이라는 인생의 목표를 향해 10년이라는 시간을 그렇게 나아갔다.

나는 오디세우스에게서 삶의 굴욕을 참아내는 방법을 배웠다. 그것은 인생의 목표를 가지는 것이었다. 일생을 다해 이루고자 하는 거룩하고 숭고한 목표. 그것이 나를 버티게 하고 고난을 극복하는 힘이 되었다.

5장

다시
살아갈 용기,
인문고전에서 얻다

내 생각대로 사는 법, 인문고전이 답이다

"26살, 대기업 못가면 지는 걸까? 34살, 외제 차를 못타면 지는 걸까?
왜, 남의 생각, 남의 기준으로 살까? 생각대로 해! 그게 답이야!"

— 박웅현, 〈생각대로 T〉 광고 중에서

내 생각을 말하지 못하는 한국 기자

2010년 G20 폐막식에서 버락 오바마 미국 대통령의 기자회견에서 있었던 일이다. 오바마 대통령이 갑자기 한국 기자들에게 질문권을 주겠다고 말했다.

"한국 기자들에게 질문권을 하나 드리고 싶군요. 정말 훌륭한 개최국 역할을 해주셨으니까요."

그러나 한국 기자들은 조용했다. 서로 눈치만 보면서 누구 하나 질문을 하지 않았다. 한국 기자들에게 질문권을 주겠다는 말을 영어로 이해 못한 것도 아니다.

"누구 없나요?"

어색한 침묵이 흐른다. 모두가 지켜보는 가운데 카메라 셔터 누르는 소리만 들릴 뿐이다. 급기야 오바마 대통령이 당황스럽다는 듯이 다음 말을 이어간다.

"한국어로 질문을 하면 아마도 통역이 필요할 겁니다. 사실 통역이 꼭 필요할 겁니다."

오바마 대통령의 유머러스한 멘트에도 한국 기자들은 침묵만 지킨다. 이때 한 명의 기자가 일어났지만 안타깝게도 그는 중국의 루이청강이라는 기자였다.

"실망시켜드려 죄송하지만 저는 중국 기자입니다. 제가 아시아를 대표해서 질문해도 될까요?"
"아, 네. 하지만 공정하게 말해서 저는 한국 기자에게 질문을 요청했어요. 그래서 제 생각에는……."
"한국 기자들에게 제가 대신 질문해도 되는지 물어보면 어떨까요?"

"그것은 한국 기자가 질문하고 싶은지에 따라서 결정되겠네요. 없나요? 아무도 없나요?"

오바마 대통령이 연신 한국 기자들이 질문을 하도록 물었지만 아무도 질문하지 않았다. 결국 질문권은 중국 기자 루이청강에게 넘어갔다. 이 모습이 전 세계로 방송되면서 국민들은 한국의 국격을 떨어뜨렸다며 분노했다. 그리고 기자 회견장에 참석한 한국 기자들에 대한 비난이 쏟아졌다. 왜 우리나라 기자들은 침묵을 지키고 있었을까? 미국 대통령의 기자 회견장에 들어갈 정도면 분명 한국에서 엘리트로 인정받는 사람들일 것이다. 그런데 한국을 대표하는 엘리트 기자들이 왜 한마디도 못하고 침묵만 지켰을까? 이 엄청난 사건을 가지고 한국 대학 교육의 문제점을 다큐멘터리로 제작한 방송이 있었다. 교육 전문 채널 EBS방송의 〈왜 우리는 대학에 가는가?〉였다. 그리고 그 해답을 교육 현장에서 찾았다. 대학교 강의실에서 교수가 수업을 마치면서 질문 있느냐고 물었다. 아무도 질문하지 않았다. 교수는 제작진의 요청에 의해 3번 이상 질문이 있느냐고 물었다. 역시 아무도 질문이 없다. 어색한 침묵만 흐른다. 오바마 대통령 기자 회견장과 같은 분위기다. 한국 기자들이 질문을 하지 않았던 이유는 대학 교실에 있었다.

학생들에게 왜 질문을 하지 않느냐고 물었다. 질문을 안 하는 분위기다 보니 질문을 하면 남의 눈총을 살 것 같아서 안 했다고 했다. 방송 화면은 다시 미국의 대학 교실로 옮겨진다. 미국 교수의 강의는 최대한 짧게 하고 나머지 시간을 학생들과 질의응답 시간으로 진행했다. 여기저기 질문이 이어졌고 심지어 교수가 답변을 못하는 경우도 있다. 한 학생을 인터뷰하면서 왜 질문을 하냐고 물었다. 그 학생은 '말하기'에 대해 설명했다. 질문과 대화를 하면서 자신의 생각이 맞는지 틀린지 확인할 수 있고 말을 하면서 기억력을 향상시킬 수 있다고 했다. 이번에는 다시 한국에 있는 대학교의 강의실로 장면이 바뀐다. 제작진이 한 학생을 시켜서 수업 시간에 3번 이상 질문을 하도록 했다. 그리고 같은 수업을 들은 다른 학생들에게 질문을 한 학생에 대해 어떤 생각을 했는지 물었다. 놀랍지만 예상했던 답변이 돌아왔다.

"질문하는 학생이 있어서 놀랐어요. 처음에는 한 번 쳐다보게 되었는데 그 학생이 두 번, 세 번 질문을 하니까 짜증이 났어요. '꼭 수업 시간에 질문을 해야 하나? 수업 끝나고 개별적으로 하면 될 텐데.'라는 생각이 들었어요."

우리 교육 환경은 전체의 생각이 지배하는 시스템이 되어버렸다. 조직 속에 순응하는 생각, 나만의 생각을 하면 눈총을 주는 환경, 이것이 우리의 현실이다. 한국 기자들이 질문을 못한 게 아니라 평소 습관이 되지 않아서였다. 내가 질문을 하면 잘난 체 한다고 비판하지 않을까? 누군가 하겠지! 그 누군가는 내가 되고 싶지는 않아! 이런 일로 주목 받고 싶지 않아! 그런 심리로 침묵을 지켰을 것이다.

내 생각대로 사는 법

우리는 내 생각대로 사는 법을 배워야 한다. 내 생각을 자유롭게 말할 수 있는 사회 환경을 만들어야 한다. 『보랏빛 소가 온다』의 저자인 세스 고딘은 『이카루스 이야기』에서 한국 독자들에게 다음과 같이 말했다.

"지금은 뜨거운 열정을 생각하고, 말하고, 행동함으로써 당당히 나타내야 하는 때입니다. 그러나 사람들은 아직도 과거의 울타리 안에서 다른 사람들의 지시나 명령에 복종하고 순응해야 안전하다고 생각합니다. 그러나 시대는 변했습니다. 앞으로 생각의 틀을 구축하고, 사람과 아이디어를 연결하고 아무런 정해진 규칙 없이 도전해야만 생존할 수 있는 시대입니다. 스스로 깨닫고 변화해야 새로운 것에 도전할 수 있습니다."

나는 팟캐스트를 처음 배울 때 세스 고딘의 말처럼 행동했다. 새로운 것을 배우겠다는 뜨거운 열정을 가지고 있었다. 그리고 청소년 직업 진로 체험 페스티벌에 과감하게 달려갔다. 학생을 위한 행사였지만 그 울타리를 뛰어넘어 용기를 내어 질문을 했다. 그리고 방화마을방송국 국장의 도움으로 팟캐스트 진행자가 되었다. 정말 아무런 규칙 없이 도전해야만 생존할 수 있는 시대다. 스스로 깨닫는다면 나이는 문제가 되지 않는다.

"친구, 오랜만이야. 잘 지내지?"

"그래, 요즘 어떻게 지내?"

"나야 잘 지내지. 다람쥐 쳇바퀴 도는 인생이지 뭐. 그런데 너 요즘 팟캐스트 한다며?"

"어, 한번 해보고 싶어서 도전했는데 도와주는 사람들이 많이 생기더라고. 재미있기도 하고. 그래서 하고 있는데 아직 시작한 지 얼마 안 되어서 많이 배우고 있어. 내가 한 방송은 '팟빵'이라는 어플을 설치하고 '방화마을방송국'이라고 검색하면 들을 수 있어."

"그래 한번 들어볼게. 지금까지와 전혀 다른 분야의 뭔가를 한다는 게 쉬운 일이 아닌데. 하여튼 부럽네."

마흔 후반의 나이에 뭔가를 새롭게 한다는 것이 분명 쉬운 일은 아니다. 그래서 나는 기존 생각의 틀을 깨기 위해 인문고전을 읽기 시작했다. 그리고 생각하는 법을 배우게 되었다. 나만의 생각이 틀을 갖추기 시작하자 다른 사람 눈치는 중요하지 않았다. 지금까지 내 생각대로 살지 못했다면 이제부터는 내 생각대로 사는 법을 배워야 한다. 책도 읽고, 독서 토론 모임에도 가입하고, 글쓰기도 배우면서 나를 제대로 찾아야 한다. 나는 어떤 강좌를 가더라도 꼭 질문 거리 3개를 준비한다. 강의 시간에 질문이 해결되면 새로운 질문거리를 만들어낸다. 그게 대학원까지 학교 교육 18년 동안 잘못 들여진 습관을 고치는 비결이다. 마흔이 넘으면 내 생각에 책임을 질 수 있어야 한다. 내가 마흔 후반에 내 생각대로 사는 법을 깨치면서 얻은 지혜다.

인생 2막, 인문고전 공부 하나면 충분하다

"훌륭한 요리사는 자기 눈앞에 있는 신선한 재료가 무엇인지 먼저 본다."

- 고미숙 -

퇴직 전에 꼭 해야 할 공부

"선배님! 퇴직 준비는 하고 계신가요?"

"응, 요즘 공인중개사 자격증 공부하고 있어."

"부동산 중개소 차리게요?"

"아니, 꼭 그런 건 아니고 뭐라도 해야 될 것 같아서."

퇴직을 1년 남겨 놓고 있는 선배와의 대화에서 갑갑함이 느껴졌다. 목적이 이끄는 삶이 아니라 불확실이 이끄는 삶이 되고 있다.

'아니, 지금까지 인생의 방향도 제대로 정하지 않고 뭘 했다는 건가!'

30대에는 정말 열심히 뛰는 나이라 미래를 준비할 생각도 못했다. 그러다가 마흔이 되자 서서히 나의 한계가 보이기 시작한다. 비로소 내 인생을 바라보게 된다. 100세 시대라고 하는데 어떻게 살아야 하는지, 여태껏 아무것도 이뤄 놓은 것도 없는데……. 갑자기 마음이 조급해진다. 뭐라도 해야 할 것 같다. 공인중개사 자격증, 주택관리사 자격증, 행정사 자격증, 부동산 경매 특강……. 주변을 둘러보니 너도나도 학원을 다닌다고 한다. 학교생활을 돌이켜보면 좋은 대학, 좋은 직장을 목표로 교문을 들어섰다. 그런데 성공해서 잘사는 사람은 성적순이 아니었다. 학교 성적은 나와 비교도 할 수 없었던 친구가 사업을 해서 더 잘산다.

인생 2막을 준비하면서 '뭐라도 해야 할 것 같다'는 생각으로 남들이 하는 대로 따라가면 전반전과 똑같은 삶을 살 수밖에 없다. 왜냐하면 내 인생에 대한 가치관을 제대로 정립하지 않았기 때문이다. 나는 누구인가? 어떻게 살 것인가? 에 대한 나만의 생각이 없으니 남들 사는 대로 또 휩쓸려 갈 수밖에 없다. 내가 어디로 가는지도 모른다. 대충 방향만 생각날 뿐이다. 그것도 술 한잔 하면서 물어보니 술김에 나오는 말이다. 그리고 또 방황한다. 결국은 답을 찾지 못하고 등 떠밀려 학원으로 간다. 내가 이 공부를 언제 어떻게 써먹을지도 모르고 구체적인 목표와 계획도 없이 말이다.

인생 2막을 준비하는 사람은 자신만의 철학이 있어야 한다. 그래야 굳

건한 정신의 토대 위에 꿈과 희망을 설계할 수 있는 것이다. 이런 사람은 '왜?'라고 물어보면 '어떻게?'라고 대답한다.

"왜 학원을 다니시나요? 인생의 꿈이 있나요?"

"내 꿈은 부동산으로 행복한 부자가 되는 것입니다. 그 꿈을 실현하기 위해 우선 필요한 공인중개사 자격증을 공부하는 겁니다. 이후 부동산에 대한 공부가 되면 작은 투자부터 시작해서 점점 규모를 늘려갈 겁니다. 경매 투자를 생각하고 있습니다. 그래서 경매 투자 특강도 동시에 수강하고 있습니다. 투자 자금을 마련하기 위해서 내년에는 집을 옮길 계획입니다. 첫 술에 배부를 수는 없겠지요. 리스크도 있을 거고요. 그래도 내 생각을 지지해주는 아내가 있으니 든든합니다. 우리 부부는 꿈이 있습니다. 노인 요양원을 운영하면서 인생의 노후를 복지사업으로 사회에 기여를 하는 것입니다. 그래서 아내는 지금 요양 보호사 공부를 하고 있습니다. 우리 부부는 어려운 사람들을 돕는 봉사 활동을 좋아합니다. 할때는 힘들지만 보람을 느끼는 순간이 행복해지는 순간입니다. 노인 요양원 운영은 그래서 나온 우리 부부 꿈의 합작품입니다. 나는 그런 인생을 살려고 합니다. 나눔을 실천하는 행복한 부자 말입니다."

위의 답변과 '뭐라도 해야 할 것 같아서'라는 답변에는 어떤 차이가 있는가? 모두 공감하겠지만 후자는 인생을 어떻게 살겠다는 자신만의 철학이 담겨 있는 답변이다. 나와 아내가 뭘 좋아하고 뭘 잘하는지, 그래서 어떤 꿈을 가지게 되었는지, 그 꿈을 실현하기 위해서 무엇을 준비해야 하는지를 고스란히 담고 있는 답변이다. 이 정도 답변이 가능하려면 적어도 엄청난 고민과 노력이 있어야 한다. 먼저 자신이 누구이고 어떤 삶을 살겠다는 인생의 가치관이 정립되어야 한다. 그리고 아내의 가치관도 알아야 한다. 충분한 대화와 협력이 필요한 부분이다. 이런 기술은 그냥 나오지는 않는다. 인격적으로 성숙해야 서로 신뢰 속에서 꿈을 나눌 수 있는 것이다.

인문고전 공부 하나면 충분하다?

인격적 성숙의 단계는 어떻게 거쳐야 하는가? 나는 그 답을 인문고전에서 찾았다. 어떤 사람은 "철학이 밥 먹여 주냐?", "인문고전 공부? 고리타분한 이야기하고 있네!"라고 반문할 수 있다. 그런데 막상 우리의 일상을 들여다보면 늘 선택하는 삶을 살고 있다. 선택을 한다는 것은 옳고 그름을 기준으로 나의 가치관이 투영된 것이다. 이런 가치관이 제대로 서 있어야 일과 삶에서 인생의 의미를 찾을 수 있다. 그럼 이런 가치관은 어떻게 형성되는가? 누가 알려 주는 것도 아니다. 내가 공부를 해야 하는 것이다. 이때 효과적인 방법이 선인들의 오랜 지혜와 통찰을 공부하는 것이고 그 공부가 인문고전 공부이다.

그럼 인문고전 공부는 어떻게 해야 하는가? 나는 모든 배움에는 스승이 필요하다고 본다. 물론 독학으로 성공하는 사람도 있다. 하지만 인생 2막을 준비하는 40대는 시간이 충분하지 않다. 아직 세상에 나가기 전인 대학생이라면 4년 동안 독학으로 지독하게 공부하면 지혜와 통찰을 가질 수 있을 것이다. 40대는 스승을 만나야 한다. 혼자 공부겠다고 삽질하면 언제 생각의 문이 열릴지 모른다. 중장비를 투입해서 제대로 길을 닦아야 한다. 독학이 삽질이라면 스승을 구하는 것은 포크레인을 투입하는 것이다. 제대로 배워야 한다. 강연과 독서 토론으로 생각을 확장하고, 글을 쓰면서 생각을 나누는 활동들이 필요하다.

술 마실 시간에 책 보고, 술 마실 돈으로 강연을 들으면 된다. 지금 당장 써먹지 못하는 공부라고 생각하면 안 된다. 목적이 이끄는 삶이 되기 위해서는 정신의 영역을 먼저 다듬어야 한다. 그런 이후에 행동으로 실천하는 공부를 해야 한다. 이는 자기 계발이 먼저냐 인문고전으로 정신을 세우는 게 먼저냐의 틀로 보면 된다. '사상누각(沙上樓閣)'이라는 말이 있다. '모래 위에 누각을 짓는 것과 같다'는 뜻이다. 기초의 불완전성은 건축물을 무너지게 할 수 있다는 경고의 의미이다. 탄탄한 기초에 해당하는 것이 인문고전 공부다. 그 위에 자기계발의 건축물을 올려야 한다. 그래야 무너지지 않고 오래가는 명품이 만들어지는 것이다.

소크라테스, 데카르트 그리고 나. 이 세 사람은 공통점이 있다. 여러분은 무엇이라 생각하는가? 사람이다. 눈이 두 개다. 입이 하나다. 귀가 두 개다. 뭐 이런 이야기를 하자는 게 아니다. 소크라테스는 10년 동안 포티다이아 전쟁, 델리움 전쟁, 암피폴리스 전쟁에 참전해서 스파르타와 싸웠다. 그는 전쟁터에서 보여준 용맹으로 아테네 최고의 전사라는 찬사를 받았다. 데카르트도 자원 입대해서 전쟁에 참가했다. 그리고 전쟁터에서 꿈을 꾸고 새로운 철학을 시작해야겠다는 영감을 얻었다고 한다. 마지막으로 나는 아프가니스탄 전쟁에 참전했다. 국위 선양과 전쟁으로 폐허가 된 아프가니스탄의 재건을 지원하기 위해서였다.

나는 전쟁터에서 삶과 죽음을 깊게 생각했다. 부끄럽지만 소크라테스처럼 최고의 찬사는 받지 못했고 대신 '보국포장'이라는 정부 포상을 받았다. 데카르트처럼 철학을 시작해야겠다는 영감을 얻지는 못했지만 인간에 대한 호기심을 갖게 되었다.

이 세 명의 공통점은 '전쟁에 참가했다.'라는 사실이 아니라 '전쟁에서 인간을 제대로 알게 되었다.'는 것이다. 자신의 죽음에 대한 공포 앞에서는 그 어떤 부귀영화도 의미가 없다. 그런 반면 남의 죽음 앞에서는 나의 이익을 먼저 생각하는 게 인간이다. 그래서 전쟁 영화에 보면 죽은 병사의 소지품을 노획하는 모습이 종종 보인다. 살아 있는 대상에게서는 양심이라는 것이 그런 본능을 걸러준다. 그런데 생명이 없는 주검 앞에서는 양심의 걸림망이 확장되어 새어나간다. 이것이 본능이고 인간이었다.

마흔, 나의 인생을 어떻게 살겠다는 목적 없이 그냥 되는대로 살다 보면 시간이 너무 빠르게 지나간다. 허겁지겁 남들 따라 이 학원 저 학원 기웃거리며 자기 계발 한다고 해봤자 의미가 없다. 내가 누구인지도 모르고 어떻게 살 것인지도 모르는데 자격증이 무슨 의미가 있겠는가? 전반전에 실패했으면 후반전은 전반전과 다르게 살아야 한다. 그 다름이 깨달음을 통해 이루어진다는 이치를 먼저 알아야 한다. 그 깨달음은 수천 년 이어져 온 지혜의 소금 창고인 인문고전에 답이 있다. 더 이상 삽질하지 말고 내 인생의 큰 길을 먼저 닦아야 한다. 그런 후에 하나씩 다져 나가면 목적이 이끄는 삶이 되는 것이다. 인생 2막, 인문고전 공부 하나면 충분하다. 나머지는 저절로 따라오게 되어 있다. 왜냐면 그게 수천 년 내려온 진리이니까.

카를 구스타프 융의 '페르소나',
"나답지 못한 나다움을 깨닫다."

카를 구스타프 융은 스위스의 심리학자이자 정신과 의사이다. 프로이트의 수제자라고 불릴 정도로 많은 영향을 받았지만 결국엔 아들러의 사상을 받아들여 자신만의 독창적인 분석 심리학(콤플렉스 심리학)을 창시했다.

"페르소나는 고전극에서 배우들이 사용했던 '가면'을 뜻하는 말이다. 구스타프 융은 페르소나를 인간이 어떠한 모습을 밖으로 표현하는가에 관한, 개인과 사회적 집합체 사이에서 맺어지는 일종의 타협이라고 정의했다. 즉, 실제자신의 모습을 보호하기 위해 만들어 낸 가면이 페르소나라는 것이다."
– 야마구치 슈의 『철학은 어떻게 삶의 무기가 되는가』 p.57을 참고하여 각색.

구스타프 융은 '페르소나'를 외부와 접촉하는 외적 인격을 페르소나라는 개념으로 설명했다.

나는 과도한 '페르소나'를 통해 나 자신을 잃어버렸던 적이 있다. 조직의 분위기에 따라 실제 내 모습이 아닌 다른 모습으로 살았다. 장교들은

1년 단위로 보직을 옮긴다. 1~3년 단위로 이사를 해야 한다. 그럴 때 마다 소속된 부대의 지휘관이 누구인지, 그 부대의 분위기는 어떤지에 따라 각기 다른 '페르소나'를 적용해야 한다. 나는 전역 후 그동안 가식적인 '페르소나'를 벗어 버리고 진정한 나를 찾게 되었다. 구스타프 융은 상황에 맞는 인격의 표현을 인격의 균형을 맞추는 과정이라고 말했다. 우리는 모두 가면을 쓰고 살아가는 존재다. 그러나 너무 많은 가면을 쓰다 보면 '나는 누구인가? 나는 어떻게 살 것인가?'에 대한 답에서 점점 멀어질 것이다. 진정한 '나다움'을 찾아야 '페르소나'의 바다에서 허우적거리지 않음을 깨달아야 한다. 그래야 내 인생을 제대로 나답게 살 수 있다.

3

수많은 성공자들이 말하는 '상상의 힘'을 믿어라

"영혼의 세계에 들어서는 순간 가장 먼저 마주하는 힘은 상상력이다."

— 프란츠 하츠만 —

상상력의 힘은 생각보다 강하다

"상상력이 지식보다 더 중요하다."

"상상력! 그것은 진실하고 영원한 세계이다. 단조로운 이 세계는 단지 흐릿한 그림자일 뿐이다. 인간의 삶이 기법과 과학이 아니고 무엇이겠는가?"

이 말은 알버트 아인슈타인과 윌리엄 블레이크가 한 말이다. 시대의 천재들도 상상력이 인간의 삶을 발전시켜 왔음을 강조하고 있다.

유발 하라리의 『사피엔스(Sapiens)』에 보면 인간과 동물의 차이점으로 협력을 말한다. 그런데 이 협력은 신화를 만들어내는 인간의 상상력에 기초하고 있다는 것이다. 그는 TED 강연에서 침팬지와 인간을 비교하며 다음과 같이 설명했다.

"7만 년 전 인간의 조상들은 지구상에서 존재감이 없었다. 인류 조상들의 지구에 대한 영향력은 해파리보다도 크지 않았다. 그러나 오늘날, 그와 대조적으로 인간들은 이 지구 행성을 지배하고 있다. 45억 년 지구 탄생 이후 존재감이 없던 인간들이 어떻게 몇 만 년 만에 지구의 지배자가 된 것일까? 개인 수준에서는 침팬지와 인간 둘 중 침팬지가 더 생존을 잘할 것이다. 그러나 인간과 동물의 진정한 차이는 집단의 수준에 있다. 인간이 지구의 지배자가 된 것은 유연성과 집단성 두 가지를 지닌 유일한 동물 특성이 있기 때문이다. 많은 사람들이 협력과 유연하게 협조하는 능력을 바탕으로 동물과의 차이를 만들어 냈다. 그럼 동물들 중에 무엇이 인간의 협력을 가능하게 했을까? 그것은 '상상력'이다. 새로운 현실, 상상 속의 현실을 창조하는 존재, 이것은 오로지 인간만이 할 수 있는 특성이다."

나는 유발 하라리의 『사피엔스(Sapiens)』를 읽고 TED 강연을 유튜브로 보았다. 그리고 상상의 힘에 대해 생각하기 시작했다. 문득 한 가지 질문이 떠올랐다. 천재들이 말하는 상상력은 무엇이고 나는 그 상상력을 어떻게 활용할 수 있을까?

나는 내 삶을 자세히 들여다보았다. 신기하게도 나는 상상하면서 살고 있었다. 사랑하는 사람을 생각하는 것도 상상이다. 꿈을 이루기 위한 생각도 상상에서 출발한다.

군사학에서 '워-게임(War-game)'이라는 게 있다. 작전계획을 수립하는 과정의 일부이다. 여기에서 상상력은 무형의 무기가 된다. '워-게임(War-game)'절차는 적과 아군을 놓고 발생할 수 있는 상황을 부여하는 것으로 시작한다. 그 상황 속에서 적은 어떻게 행동할 것인지 말판을 움직인다. 곧이어 아군은 어떻게 대응할 것인지 말판을 움직인다. 이런 절차로 적 행동, 아 대응, 적 대응, 아 역대응의 순서로 진행한다. 여기서 현실적으로 발생 가능한 상황과 대응을 상상해야 한다. 그리고 그 상상의 근거는 논리적이고 근거에 기초해야 한다. 단순히 상상만 하는 것이 아니다. 적장의 심리를 판단해야 하고 기상 조건과 아군의 사기까지도 고려해야 한다.

유능한 장수는 결국 상상력이 풍부해야 한다. 알렉산더, 나폴레옹, 이순신 장군 등 시대의 명장들은 독서를 통해 상상력을 키웠다.

2013년, 내가 인생의 바닥에서 허우적거릴 때 『시크릿(Secret)』이라는 동영상 한 편을 만났다. 세상을 지배했던 사람들의 '비밀의 책'이 어떻게 전해져 왔고, 어떤 내용이 담겨져 있는지, 그것을 실행한 사람들은 어떻게 성공하게 되었는지 사례를 담은 영상이었다. 나는 이 영상을 핸드폰에

저장하고 다니면서 거의 1년간 반복해서 보았다. 나도 상상하면 현재의 수렁에서 빠져나갈 수 있고 원하는 미래를 만들 수 있겠다는 믿음을 가졌다. 그러나 생각만 할 뿐 구체적인 행동으로 이어지지 않았고 내 인생은 변하지 않았다. 그래도 이런 영상 자료와 꾸준한 인문고전 독서 덕분에 암울했던 터널의 끝에 한 줄기 빛이 보이기 시작했다. 지금 생각해보면 이런 몸부림이 있었기에 새로운 세계를 만날 수 있었다고 본다.

네빌 고다드 이야기

나는 형이상학자이자 동기 부여가인 네빌 고다드가 쓴 『상상의 힘』이라는 책을 만났다. 〈한국책쓰기1인창업코칭협회(이하 한책협)〉의 김 도사가 나에게 도움이 될 것이라며 추천한 책이었다. 이 책으로 나는 아인슈타인, 유발 하라리, 『시크릿(Secret)』의 상상력에 대한 생각을 단번에 정리했다. 그들의 이야기를 쓴 책이라서가 아니라 상상력에 대한 나의 생각을 명쾌하게 정리했다는 것이다.

네빌 고다드(Neville Goddard, 1905~1972)는 영국령 서인도제도 출생의 형이상학자이자 강연가였다. 『네 안의 잠든 거인을 깨워라』의 앤서니 라빈스, 『영혼을 위한 닭고기 수프』의 마크 빅터 한센, 『겟 스마트』의 브라이언 트레이시 등 자기 계발 강사들에게 놀라운 영감을 전해준 인물이다. 그는 1930년대에 끌어당김의 법칙을 강연했다. "상상이 현실을 창조한다."는 그의 법칙은 강의 시마다 만원사례를 이루었다. 강의의 핵심은 잠재의식에 관한 것이었다. 대부분의 사람들은 잠재의식을 무시한 채 의지와 결심의 힘만을 맹신한다. 그래서 매번 똑같은 실패를 반복한다고 말했다.

네빌은 에티오피아 랍비인 압둘라에게 7년 동안 상상의 법칙에 대해 배웠다. 한 번은 네빌이 자신의 고향인 바베이도스에 가고 싶은데 경비가 없어서 못 간다고 했다. 그러자 압둘라는 네빌에게 이렇게 말했다.

"자네의 소망이 이미 이루어진 상태에 있다고 상상해보게. 바베이도스에서 바깥 풍경을 바라본다고 상상하며 잠에 빠져들게나."

압둘라는 이것을 그저 공상이 아니라고 했다. 경험으로 증명할 수 있는 진실이라고 했다. 이미 자신의 소망이 이루어진 상태에 들어가는 것이 바로 '결말의 관점에서 생각'하는 그의 비결이라고 했다. 어떤 상태에 대해 생각만 할 때 그 상태는 단순히 가능성으로만 존재한다. 하지만 결말의 상태라는 관점에서 생각하게 될 때 놀랍게도 그것은 현실이 된다는 것이다. 결말의 관점에서 생각하는 것, 이것은 곧 그리스도의 방법이라고 했다. 네빌은 압둘라의 이야기대로 했다. 그는 바베이도스에 가기 위한 경비가 없었지만 이미 그곳에 도착해서 해변을 바라보는 상상을 했다. 이미 이루어진 결말의 관점에서 바라보는 상상이었다.

며칠 후 그는 바베이도스에서 살고 있는 형으로부터 편지를 받았다. 부모님의 생일 파티를 위해 가족 행사를 할 예정이며 그가 오기를 바란다는 내용이었다. 그리고 배편을 이용할 수 있도록 경비도 같이 동봉되어 있었다. 이런 기적은 압둘라와 같이 생활하는 동안 직접 경험하거나 목격하게 되었다. 그리고 그는 사람들에게 자신의 경험을 강연하기 시작했다. 네빌은 잠재의식의 중요성, 현실 의식과의 차이에 대해 다음과 같이 설명했다.

"속사람(잠재의식)의 행동은 모든 사건이 일어나게 하는 힘입니다. 겉사람(현실의식)의 움직임은 속사람(잠재의식)의 움직임에 의해 생긴 충동에 종속적입니다. 소망을 이루었을 때 겉사람(현실의식)이 취하게 될 행동이 속사람(잠재의식)의 행동과 일치할 때 소망은 이루어집니다."

네빌은 잠재의식이 먼저 변해야 한다고 했다. 현실의식은 감각적인 의식이다. 그래서 잠재의식이 생각하는 대로 현실의식은 따라 간다. 우리가 상상하는 것은 곧 잠재의식 속에 이미 이루어진 결말의 관점으로 각인되게 해야 한다. 그렇게 잠재의식이 먼저 변하고, 현실의식에 의한 행동이 이미 이루어진 결말에서 하는 행동으로 나타내어질 때, 소망은 이루어진다.

나는 네빌 고다드의 '상상의 법칙'을 실천해보기로 했다. 무엇을 고치거나 치료하는데 가장 먼저 해야 할 일은 나 자신의 태도를 교정하는 것이다. 의심과 불확실성에 대한 걱정, 두려움 등을 모두 제거하고 편안한 의식 상태를 유지했다. 그리고 상상하면 현실이 된다는 믿음을 가졌다. 나는 잠들 때마다 모두 이루어진 결말의 관점에서 상상을 했다. 아침에 눈을 뜨면 나는 소망이 이미 이루어진 모습으로 깨어났다. 세상은 복잡 다양하고 시시각각으로 변화한다. 그 속도에 자칫 중심을 잃으면 영원히 낙오할 것 같은 두려움마저 든다. 무엇보다 마음의 중심이 필요한 시대 다. 흔들림 없는 정신의 토대 위에 상상의 법칙을 적용해보기를 바란다. 결말의 관점에서 이미 이루어진 모습을 상상하며⋯⋯.

미라클 사이언스로 무장하면 인생이 바뀐다

"인생이 살 만한 이유는 무언가에 대한 신념과 열정 때문이다."

― 올리버 웬들 홈스 ―

미라클 사이언스에서 브라이언 트레이시를 만나다

"여러분 반갑습니다. 김 도사입니다. 지금부터 〈미라클 사이언스〉를 시작하겠습니다."

강의실 안은 긍정의 에너지로 금세 폭발할 것처럼 열기가 뜨겁다. 〈한책협〉의 김 도사가 진행하는 〈미라클 사이언스〉는 닫혀 있는 잠재의식을 일깨우고 확장하는 강연이다. 강의실 내부 벽면에는 의식 확장을 통해 성공한 사람들의 대형 사진이 걸려 있다. 오프라 윈프리, 머큐리, 스티브 잡스, 버락 오바마, 김 도사, 브라이언 트레이시……

그 중에서 브라이언 트레이시의 사진을 보는 순간 나는 소름이 느껴졌다. '이건 운명이야, 정말 내가 상상한 대로 가고 있는 거야!'

내가 브라이언 트레이시를 처음 접하게 된 것은 인터넷에서였다. '1회 강연료가 8억'이라는 문구가 내 관심을 끌었다. 도대체 어떤 강연인데 8억씩이나 준다는 거지? 궁금하면 못 견디는 성격이라 파고들었다. 8억짜리 강연의 주인공은 브라이언 트레이시라는 성공학 코칭가이자 동기 부여 전문가였다.

마침 그의 한국 강연 유튜브 영상이 있었다. 1시간 20분 분량이었는데 정말 수준이 높은 강연이었다. 그날부터 나는 브라이언 트레이시의 책을 구입하고, 동영상을 시청했다. 심지어 〈브라이언 트레이시 인터내셔널〉 홈페이지에 들어가서 유용한 자료를 찾아내기도 했다. 물론 모두 영문으로 되어 있어서 단어를 찾아가며 보았다. 나는 점점 그에게 빠져들고 있었다.

한 번은 그의 홈페이지에서 원하는 PDF 파일을 찾았다. 메일 주소를 입력하고 다운받아서 한글로 번역해보았다. 처음에는 영어 공부도 되겠다는 생각으로 시작했는데 점점 힘들어졌다. 그러던 중에 그 영문 파일의 한글 해석본이 인터넷에 올라 있는 것을 보았다. 20장 중 겨우 2장을 번역했는데 20장 모두 번역된 자료가 있었다. 그것도 윗줄은 영문, 아랫줄은 한글로 친절하게 양립해서 말이다. 순간 힘이 빠졌다. '아, 또 삽질

했다.' 그래도 정리하면서 많이 생각했다는 점과 실천할 다짐을 기록했다는 것으로 위안을 삼았다.

우연찮은 기회에 20대 후반의 400여 명의 젊은이들과 대화하는 시간이 있었다. 원래 내 과목의 강의는 아니었다. 강당의 시스템에 문제가 있어서 기술적으로 조치하는 데 30분 정도가 걸렸다. 그 시간을 내가 어떻게든 무료하지 않게 해주어야 했다. 그래서 무슨 이야기를 할까 생각하다가 브라이언 트레이시를 떠올렸다. 그 순간은 스티브 잡스가 이야기한 점으로 연결되는 인생이라는 묘한 기분이 들었다.

"여러분! 한 번 강연에 8억을 받는 사람이 있다면 믿으시겠습니까?"
"말도 안 되는 소리 아닌가요? 누가 8억을 주고 들어요?"
"정말 그런 사람이 있어요?"

강당을 채운 젊은이들이 곧 웅성거리기 시작했다. 적어도 내가 던진 말에 반응하고 있다고 생각되자 자신감이 생겼다. 나는 계속 말을 이어갔다.

"브라이언 트레이시라는 강사가 있는데요, 그분 강연료가 8억이랍니다. 그래서 제가 도대체 어떤 내용이기에 8억씩이나 주고 사람들이 강의를 듣나 한번 연구해봤습니다. 그런데 정말 8억의 가치가 있다는 생각이

들었습니다. 여러분에게 그 8억짜리 강연의 핵심을 제가 말씀드리려고
하는데 괜찮을까요?"

"네, 어서 해주세요."

"어떤 내용일지 기대됩니다."

나는 유튜브 동영상과 책으로 공부했던 내용들을 설명하기 시작했다.
20대 후반의 젊은이들에게 꼭 필요한 내용이었다. 어떻게 30분이 지났
는지 모를 정도로 서로 몰입하고 있었다. 강당 시스템 복구가 완료되었
다는 사인이 들어왔다. 다음 강의 진행을 위해 서둘러 마무리를 지었다.
짧은 시간이었지만 청중이 정말 원하는 내용을 이야기했다는 느낌이 들
었다. 그래서인지 이야기하는 사람도 신나고 듣는 사람도 귀를 쫑긋해
서 들었다. '아! 이렇게 하는 것이 강연이구나!' 그날 나는 내 안의 또 다
른 내 모습을 보았다. 남 앞에 서면 말도 잘 못하고 손이 떨려서 마이크
도 제대로 못 잡는 나였다. 그런데 위기에 맞닥뜨려 내가 할 수밖에 없는
상황이 되자 어디서 그런 용기가 났는지 모를 정도였다.

나는 결말의 관점에서 브라이언 트레이시를 보았다

이시다 히사쓰구의 『3개의 소원 100일의 기적』이라는 책에 보면, 100
일 만에 소원을 이루는 비법이 나온다. 3개의 소원이 100일 후에 이루어
지는 상상을 하며 매일 잠들기 전에 세 번씩 쓴다. 그러면 100일 후에 그
소원이 이루어져 있다는 것이다. 나는 이것을 조금 더 내 방식으로 보완

했다. 100일 후, 1년 후, 5년 후, 10년 후로 구분해서 이루어질 소원을 3개씩 기록했다. 그런데 5년 후 소원을 쓰면서 브라이언 트레이시를 만나고 싶다는 생각이 들었다. 그래서 '나는 브라이언 트레이시를 만나서 성공학 코칭을 들었다.'라고 썼다. 1년 전에 작성한 나의 '버킷 리스트'였다.

 사람의 인연은 참 신비롭다. 1년 전에 브라이언 트레이시를 5년 후 만나겠다고 써놓고 잊어버리고 있었다. 그런데 〈한책협〉에서 다시 브라이언 트레이시를 만난 것이다. 나는 이것이 운명이라고 생각했다. 그래서 브라이언 트레이시를 직접 만나는 상상을 구체화했다.

 다음은 내가 김 도사의 〈미라클 사이언스〉를 통해 나의 잠재의식을 확장하면서 결말의 관점에서 쓴 상상이다.

 "5년 후 나는 〈송은섭의 인문고전 아카데미〉를 개설했다. 인문고전 강의, 독서 토론, 잠재의식의 변화를 주요 콘텐츠로 하는 1인 기업이다. 우연한 기회에 지인에게 김 도사의 책 쓰기 비법을 소개해주었는데 그 후 해외로까지 입소문이 나게 되었다. 나는 김 도사의 미국 진출에 앞서 미국의 책 쓰기 시장을 분석했다. 미국은 브라이언 트레이시의 온라인 책 쓰기 과정이 인기가 있는 것으로 확인되었다. 그러나 브라이언 트레이시의 3단계 책 쓰기 과정은 김 도사의 〈7주 책 쓰기 과정〉에 비하면 실질적인 노하우 면에서 부족했다. 김 도사의 비법이 더 경쟁력 있다고 분석되었다. 그래서 〈김 도사 책 쓰기 비법〉이라는 이름으로 특허를 신청했다. 곧 영문 번역과 국제 변호사 등을 통해 특허 사용에 대한 전략을 세웠다. 맨땅에 헤딩하는 것보다 기존 시스템을 활용하는 것이 좋겠다는 의견이 모아졌다. 그리고 〈브라이언 트레이시 인터내셔널〉과 성공학 코칭 협약을 맺는 것으로 방향을 정했다.

브라이언 트레이시는 〈김 도사 책 쓰기 비법〉을 보며 감탄을 자아냈다. 하기야 20권 정도의 저서를 가진 사람과 200권이 넘는 저서를 가진 사람을 어떻게 비교할 수 있겠는가? 책 쓰기 코칭뿐만 아니라 인문고전을 삶에 적용하는 성공학 코칭도 함께 협약을 맺었다.

그 자리에서 나는 5년 전에 작성한 나의 버킷 리스트를 브라이언 트레이시에게 보여주었다. 그리고 그에게 말했다.

"지금의 상황은 5년 전부터 누군가의 꿈으로 기록되어 진행되어온 것입니다. 우리는 단순히 업무 협약을 맺는 것이 아니라 꿈을 꾸고 상상하면 이루어진다는 우주의 법칙을 실현하고 있는 것입니다."

스티브 잡스는 "인생은 점과 점으로 연결된 점들의 향연이다."라고 했다. 브라이언 트레이시와의 인연은 처음에 '5년 후 소원'을 기록하면서 잠재의식에 각인되었다. 그리고 400명의 젊은이들에게 브라이언 트레이시 이야기를 하게 되었다. 이후 다시 〈미라클 사이언스〉에서 만나게 되었고 결말의 관점에서 상상을 완성했다. 그는 내가 상상하는 세계에서 현실로 넘어오고 있었다. 그리고 점으로 연결되고 있었다.

김 도사의 『100억 부자의 생각의 비밀』에는 무일푼 백수가 5년 만에 자수성가 부자가 된 비결이 적혀 있다. 부자가 되기 위해 가장 먼저 해야 할 일은 잠재의식에 원하는 결말을 입력시키는 것이다. 이때 '바란다.'라는 소망형도 아니고 '된다.'라는 현재형도 아닌, '되어 있다.'라는 완료형 결말을 입력해야 한다. 잠재의식은 '맞다.'와 '맞지 않다.'를 구분할 수 없다. 다만 우리가 입력하는 대로 인식할 뿐이다. 그래서 완료형으로 입력하면 이미 이루어진 것으로 인식한다는 것이다. 잠재의식이 작동하면 현실 의식이 따라와서 현실의 상황도 바뀐다. 결과적으로는 원하는 결말을 이루게 된다. 나는 브라이언 트레이시를 통해 상상의 법칙을 이루어가는 중이다. 김 도사의 〈미라클 사이언스〉는 나에게 그 징검다리가 되어주었다.

쿠르트 레빈의 '장이론, 변화 과정',
"인생의 전환기에 반드시 해야 할 일들."

쿠르드 레빈(1890~1947)은 독일 출신 미국 심리학자이다. 사회 심리학의 창시자, '장이론'으로 유명하다.

"레빈에 의하면 어떤 사고방식이나 행동 양식이 정착되어 있는 조직은 '해동-혼란-재동결'의 과정을 거쳐 변화한다. 여기서 이 프로세스가 '해동'에서 시작된다는 점에 주목해야 한다. 해동이라는 것은 바로 '끝낸다.'라는 의미를 담고 있기 때문이다. 우리는 무언가 새로운 것을 하려고 할 때 앞으로의 일을 '시작'하는 데만 초점을 맞춘다. 당연한 일이다. 하지만 레빈의 지적은 새로운 것을 시작할 때 가장 먼저 해야 할 일은 오히려 지금까지의 방식을 '잊는' 것, 즉 이전 방식에 '종지부를 찍는 일'이라는 점을 상기시켜 준다."

– 야마구치 슈의 『철학은 어떻게 삶의 무기가 되는가』 p.151에서 인용.

새로운 시작은 무언가를 끝내는 데서부터 시작한다. 그런데 우리는 시작에만 초점을 두고 끝맺음에 서투르다. 그러니 '예전 방식이 더 낫다'느니 '구관이 명관'이라는 말을 하게 된다. 수많은 조직과 개인이 혁신을 외치면서도 결국에는 흐지부지하게 끝나고 마는 이유가 여기에 있다. 나는 어려서 어머니에게 야단을 맞은 적이 있다. 정확하게 무슨 일인지는 기억나지 않지만 내가 7살쯤으로 기억한다. '은섭아 너는 시작은 잘하는데 왜 마무리를 못하니?' 어머니의 말씀은 아직도 귓전에 맴도는 것처럼 생생하다. 나는 그 말의 의미를 머리로 이해한 것이 아니라 온몸으로 이해했다. 인생의 전환점에 들어서 마무리를 하지 못하고 우유부단한 모습의 나를 보며 그 옛날 어머니의 말씀이 떠오른 것이다. '나는 왜 그때 마무리를 잘하는 아이로 바뀌지 못했을까?', '마흔의 나이에도 왜 나는 그 틀을 벗어나지 못하는 것일까?'

나는 반복되는 나쁜 생활 패턴부터 깨야겠다고 생각했다. 처음으로 시도한 것이 담배를 끊는 것이었고 나는 완전히 비흡연자가 되었다. 여기서 탄력을 받아 마무리를 못하고 있는 일들이나 습관을 찾았다. 일을 마치면 책상을 정리하는 습관, 하루 일기를 쓰는 습관 등 생각과 주변을 정리하는 습관이 곧 마무리를 잘하는 습관으로 이어졌다. 한 권의 책과 한 사람의 철학자가 나를 변화하게 만들었다. 나는 쿠르드 레빈을 만나지 않았다면 아직도 담배를 피우고 마무리를 못하는 습관에 젖어 살고 있었을 것이다. 변화의 신세계를 보게 해준 철학자와 책에 감사한다.

5

내 인생 최고의 순간은 아직 오지 않았다

"만물의 이치가 모두 나에게 갖추어져 있으니,
나를 돌아보고 지금 하는 일에 성의를 다한다면 그 즐거움이 더없이 클 것이다."

― 맹자 ―

안녕하세요, 팟캐스트를 해보고 싶어요

잔잔한 음악이 흐른다. 잠시 후 김영하 작가의 부드러운 목소리가 들린다. '작가 김영하의 책 읽는 시간.' 이번에는 잔잔하던 음악이 점점 커진다. 좋아하는 팟캐스트의 첫 인트로 장면은 항상 가슴을 설레게 만든다. 그리고 이야기 속으로 빠져들게 만든다.

내가 팟캐스트를 처음 접한 것은 1년 전이다. 청소년 진로 직업 체험 행사장에 우연히 들렀다가 팟캐스트 부스를 발견했다.

"안녕하세요? 팟캐스트에 관심이 많아서 그런데 설명 좀 해주실 수 있어요?"

"네, 아드님이나 따님이 관심이 많으신가요?"

"아니요, 제가 관심이 많습니다. 좀 배우려고 하는데 설명을 부탁드려도 될까요?"

40대 후반의 중년 남자가 팟캐스트를 배우겠다며 불쑥 찾아온 것에 적잖이 당황한 모양이었다. 방화마을방송국 박현주 국장과의 인연은 그때부터 시작되었다. 40대의 호기심은 진짜 공부를 위한 출발점이다. 산전, 수전, 공중전까지 겪은 내공으로 무장해서 그런지 부끄러움을 지적 욕망이 덮어버린다. 그래서 용기를 낼 수 있었다. 그날 나는 팟캐스트 제작 과정 전체를 들을 수 있었다. 심지어 3분짜리 녹음까지 하는 영광을 누렸다. 녹음본은 편집을 거쳐 메일로 보내주겠다고 했다. 인터넷상에서 확인하는 방법까지 상세하게 알려주었다.

이후 나는 팟캐스트를 더 연구하고 직접 진행하겠다는 목표를 세웠다. 인터넷에서 관련 영상을 분석하고, 트렌드를 파악했다. 그리고 팟캐스트 관련 각종 서적을 읽어나갔다. 궁금한 것은 메모해두었다가 박현주 국장에게 물어보았다. 그리고 한 달 후 나만의 팟캐스트를 진행하겠다는 '송은섭의 팟캐스트 진행 계획'이 완성되었다. 박현주 국장에게 제출했더니 검토 후 연락을 주겠다고 했다. 다음 날 박현주 국장에게서 전화가 왔다. 발신자 표시를 보고 무척 반가웠다. 어떤 말을 할지 기대하며 전화를 받았다.

"안녕하세요, 국장님."

"네, 선생님. 일단 콘셉트는 괜찮은 것 같아요. 인문고전 명작을 읽어주고 토론하는 형식의 팟캐스트를 하시고 싶다는 거죠?"

"네 맞습니다."

"그럼 진행 시나리오를 한번 써 주시겠어요? 특별한 형식은 없으니 방송 대본 쓴다고 생각하시고 한번 써주세요."

"네, 알겠습니다. 다 쓰면 메일로 보내드리겠습니다."

첫 녹음은 톨스토이의 명작 소설 『안나 카레니나』였다. 박현주 국장은 진행 시나리오가 괜찮다며 바로 녹음 일정을 잡았다. 국장과 내가 대화를 나누는 방식으로 진행하기로 했다. 일주일 후 떨리는 마음으로 마이크 앞에 앉았다. 심호흡을 두 번 하고 큐 사인과 함께 녹음을 시작했다. 먼저 소설의 시대적 배경과 등장인물의 성격을 설명하고, 줄거리를 읽어주었다.

이때까지는 대본대로 읽으면 되어서 큰 문제없이 잘 진행되었다. 하지만 세 번째 단계인, 이 소설에 대한 토론으로 들어가자 꼭 대본대로 진행되지 않았다. 박현주 국장은 자신의 경험을 이야기하면서 대본에 없는 에피소드를 쏟아내기 시작했다. 내가 조금 당황해하자 국장은 잠시 녹음을 중단했다. 그리고 대본대로만 읽어주는 것보다 리얼리티가 있어야 한다고 했다. 청취자는 기계적인 음성보다 자신의 경험을 공유하고 공감을 불러올 수 있는 대화를 더 원한다고 했다. 다시 녹음이 시작되었다. 긴장을 풀고 주거니 받거니 하며 녹음을 마쳤다. 1시간 정도 녹음했는데 어떻게 시간이 지났는지 기억나지 않을 정도로 몰입했다.

두 번째 녹음부터는 시나리오 작성과 녹음 진행 속도가 훨씬 빨라졌다. 그렇게 6개월간 인문고전 명작 8개를 소개하는 팟캐스트를 방송했다. 한 가지 중요한 문제가 있었는데 편집에 너무 시간이 많이 걸린다는 점이었다. 녹음하고 한 달이 지나야 편집된 방송을 들을 수 있었다. 그래서 나는 '어떻게 하면 녹음하고 바로 다음 날 들을 수 있을까?' 고민하기 시작했다. '구하라 그러면 얻을 것이다.' 브라이언 트레이시의 한국 강연 마무리 멘트가 생각났다. 그런데 지금 생각해보면 이 고민이 유튜브 영상 제작으로 이어지는 징검다리였다.

마흔, 유튜버가 되다

유튜브 영상 제작은 팟캐스트 편집 시간에 대한 고민에서 시작되었다. 박현주 국장에게 팟캐스트 녹음을 하면서 삼각대를 놓고 영상도 촬영하면 좋겠다고 했더니 적극 동의해주었다. 다음 녹음은 조남주 작가의 『82년생 김지영』이었다. 이전까지 국장과 내가 진행하던 틀을 벗어나 5명의 패널이 참가하는 독서 토론으로 진행했다. 시나리오는 독서 토론 논제를 미리 정해주고 패널 각자가 자신의 생각을 발표하는 식으로 구성했다. 녹음은 아주 성공적이었다.

참여한 패널의 독서 수준과 토론 준비는 예정된 1시간 분량을 30분이나 초과할 정도였다. 열띤 토론을 마치고 나는 곧 유튜브 영상 편집에 대해 국장과 이야기했다. 국장은 유튜브 편집은 내가 하는 것이 어떻겠냐고 했다. 다른 프로그램 편집 때문에 유튜브까지 할 시간이 없다며 나에게 부탁했다. 어쩔 수 없이 아이디어를 제공한 내가 하는 것으로 했다.

'괜한 일을 벌였다'라는 후회가 잠시 들었다. 하지만 곧 해보자는 마음으로 바꾸고 유튜브 관련 책을 읽었다. 책을 보며 하나하나 편집 과정을 따라 해보았다. 5시간 걸려서 편집하고 동영상을 올리는 데 7시간이 걸렸다. 이건 완전히 노동이었다. 특히 코딩에 기다리는 시간이 너무 많이 걸렸다. 제대로 배워야겠다는 생각이 들었다.

하루가 걸려서 동영상 편집을 완료했다. 편집된 동영상을 유튜브에 올리려면 계정을 만들어야 했다. 혼자 책을 보고 하려니 뭔 소린지 하나도 모르겠고 점점 짜증만 늘어갔다. 아마 유튜브를 독학으로 배우는 사람들은 이쯤에서 포기하고 백기를 들 것 같다는 생각이 들었다. 그래도 난 포기하지 않고 계속 시도했다.

2일째 되던 날 드디어 계정이 생성되었고 동영상을 올리게 되었다. 유튜브에 영상이 올라가자 엄청난 희열이 느껴졌다. 그런데 1분도 지나지 않아서 경고 메일이 날아왔다. 저작권 문제로 법적인 책임을 질 수 있다는 내용이었다. 동영상에 사용한 음원이 문제였다. 그렇게 2일 동안 작업해서 올렸는데 이런 문제로 삭제해야 된다니 내가 바보처럼 느껴졌다.

하루를 그냥 보내고 다음 날 다시 편집 작업을 했다. 저작권 문제가 된

음원을 제거하고 리얼 음성으로만 다시 편집해서 올렸다. 지금 이 글을 쓰고 있는 이 순간 유튜버가 되겠다고 생각하신 분들에게 고한다. 혼자 배우겠다고 삽질하지 말고 돈 주고 제대로 배워라. 그게 남는 것이다. 그게 빠른 것이다. 그게 동기 부여가 되고 더 크게 나아가는 것이다.

나의 인문학 공부는 팟캐스트와 유튜브를 통해 더욱 깊어지게 되었다. 물론 기술적인 문제로 많은 어려움을 겪었지만 방송 시나리오를 작성하면서 더 많은 생각을 하게 되었다. 특히 고전문학을 소개하기 위해서는 소설의 시대적 배경부터 작가의 일생까지 모두 공부해야 했다. 그리고 깨달은 것은 '분석만 하는 인문고전 공부는 의미가 없다'였다. 읽기만 하고 생각하지 않는 것은 시간 낭비다. 생각을 하더라도 내 삶에 적용하지 않는 것은 노력 낭비다. 그래서 인문고전을 읽고 어떻게 하면 내 삶에 적용해서 보다 조화로운 인생을 살 수 있을까 고민해야 한다. 그것이 공부다. 그것이 마흔을 넘긴 나이에 하는 진짜 공부다.

나는 새로운 버킷 리스트를 작성했다. 팟캐스트, 유튜브에 이어 이번에는 TV 방송에 출연해서 인문고전을 강연하는 것이다. 200권이 넘는 책을 저술한 김태광 작가는 유명해지기 전에 버킷 리스트를 작성했다고 한다. 그 버킷 리스트 중 하나가 TV 〈아침마당〉에 출연하기였다. 김태광 작가는 말을 더듬는 트라우마가 있었다. 그래서 '더듬지 않겠다.'가 아니라 'TV에 출연해서 강연을 하겠다.'라고 결심했다고 한다. 나는 무릎을 치며 '대단하다.'라고 생각했다. 더듬지 않겠다고 다짐하면 더듬는 현상을 계속 생각하게 되니까 아예 다른 목표를 세운 것이다. 그것도 말을 더 듣는 것을 완전히 뛰어넘어 'TV에 출연해서 강연한다.'로 말이다. 그래서 나는 결심했다. '지금은 인문고전을 소개하는 수준이다. 하지만 TV에 출연해서 전 국민이 인문적 소양을 갖추는 데 도움을 주겠다.' 내 인생 최고의 순간은 아직 오지 않았다.

6

다시 살아갈 용기, 인문고전에서 얻다

"살아 있다는 그 단순한 놀라움과 존재한다는 그 황홀함에 취하여."

― 김화영 ―

번 아웃된 내 인생

열정이 식으면 그 열정의 크기만큼 의욕도 상실된다. 열정은 힘들고 지칠 때 나를 지탱해주던 든든한 다리였다. 마흔 초반에 나는 열정이 완전히 소진되었다. 전문적인 말로는 '번-아웃 증후군(Burn-out Syndrome)' 이었다. '번-아웃 증후군(Burn-out Syndrome)'은 한 가지 일에 몰두하던 사람이 마치 에너지가 방전된 것처럼, 갑자기 무기력해지는 증상을 뜻한다. 이는 성공적으로 관리되지 못한 만성 스트레스가 원인이다. 주요 특징은 에너지 소진의 느낌, 일에 대한 심리적 괴리감, 일에 대한 부정적인 감정의 증가, 업무 효율성의 저하이다. 무기력증에 시달리며 우울증 증세로 이어질 수도 있다. 나는 이 모든 현상을 그대로 겪었다. 진급 심사를 앞둔 중요한 시기였지만 내 정신과 몸은 이미 번-아웃 된 상태였다.

"송 소령, 이 보고서의 데이터를 오늘 퇴근 전까지 채워줘라, 부탁해!"

인접 부서에서 나에게 보낸 협조 업무다. 사실 이런 건 30분이면 처리할 수 있다. 그런데 하기 싫었다.

"휴, 휴, 해보겠습니다."
"송 소령 보고서 준비 다 했어? 내가 검토할 시간 줘야지. 1시간 이내 가지고 와라."

부서장님이 보고서를 빨리 달라고 하셨다. 이미 만들어 놓았는데 왜 보고를 안 했는지 모르겠다. 그래서 아직 덜 작성된 것처럼 말했다.

"네. 알겠습니다. 휴, 휴, 휴."
"송 소령! 아까부터 지켜봤는데 왜 자꾸 한숨을 쉬냐? 바쁘고 힘든 건 알겠는데 그렇다고 계속 한숨만 쉬면 습관 되서 안 좋아. 무슨 일 있냐?"
"아닙니다. 신경 써 주셔서 감사합니다. 휴, 휴."
"또 그런다. 계속 한숨만 쉬면 들어올 복도 안 들어오고, 될 일도 안 된다니까!"

"아, 네, 알겠습니다. 휴."

나는 웃음 대신 한숨을, 도전 대신 회피를, 인내 대신 포기를 선택하고 있었다. 그런데 아무도 그런 나를 자기 일처럼 신경 써주지는 않았다. 사무실에 10명의 동료와 선후배들이 있었지만 그들의 시간과 내 시간은 따로 흘러가고 있었다. 나는 점점 아무것도 할 수 없는 사람이 되어가고 있었다. 아니 아무것도 하기 싫었다. 삶에 희망도 없었고 욕심도 없었다. 퇴근하면 술, 출근하면 눈치만 봤다. 나는 뭘 해야 할지 모르고 멍하게 있다가 주변에서 알려주면 그때서야 부랴부랴 일을 했다. 이런 생활이 지속되는 것도 싫었다. 점점 우울해지고 삶이 무기력해져서 온몸에 있던 힘이 모두 빠져나가는 것 같았다.

간간이 나의 정신을 깨우는 것은 빚 독촉 전화와 아이들 전화였다. 그때만 내가 다시 현실로 돌아오는 상태였다. 마지막 에너지를 짜내고 또 짜내는 순간이기도 했다. 통화가 끝나면 다시 힘을 내려고 발버둥쳐봐도 내 속에는 더 이상의 에너지가 없었다. 마치 마른 수건을 짜는 것과 같았다. 물기가 나올 리가 없었다. 그러면 또 하염없이 털썩 주저앉는다. 머릿속이 의지와 열정으로 불타던 기억마저 모두 지워져서 텅 빈 것만 같았다. 사람이 다시 살아갈 용기를 낸다는 것은 드라마에서나 나오는 이야기였다. 현실은 계속 죽어가고 있었다.

부대 안에는 아주 큰 규모의 도서관이 있었다. 점심시간이면 사람들과 부딪히는 것이 싫어서 도서관으로 갔다. 도서관에는 수만 권의 책들이 정열되어 있었다. 찾는 사람은 거의 없었다. 사서 임무를 수행하는 병사와 나만 있었다. 병사는 점심 먹으러 가야 되는데 왜 들어와서 그의 달콤한 점심시간을 빼앗는가라는 표정으로 나를 쳐다보았다. 나는 책을 보고 있을 테니까 식사하고 오라고 했다. 그 병사는 어이없다는 듯이 문을 잠궈야 한다고 했다. 나는 아무 책이나 잡히는 대로 꺼내 대출을 신청했다.

다시 살아갈 용기를 얻다

대출 입력을 하면서 그때 책 제목을 제대로 보았다. 이지성 작가의 『리딩으로 리드하라』였다. 나는 사무실로 곧장 들어가지 않고 풀밭에 앉아서 어떤 책인가 하고 읽기 시작했다. 첫 장을 펼치니 간지에 명언 한 구절이 적혀 있었다.

"세상에 태어나 학문을 하지 않으면 사람답게 될 수 없다."

나는 학문이 되었던 다른 어떤 게 되었든간에 다른 사람과 마주치지 않으려고 생각했다. 그런데 이상하게 '사람답게 될 수 없다.'라는 말이 긴 여운을 남겼다. 그래서 책장을 계속 넘겼다. 책장을 넘기면 넘길수록 점점 새로운 세계에 빠져드는 것 같았다. 나에게 인문고전은 항상 따분하고 재미없다는 인식만 있었다. 그런데 이 책 하나로 완전히 생각을 달리하게 되었다. 이것이 나의 운명을 바꾸는 인문고전 독서가 시작되는 계기였다. 책 한 권이 사람의 마음을 움직일 것이라고는 생각지도 못했다.

그런데 그런 일이 나에게 나타나고 있었다. 그날부터 나는 점심시간만 되면 도서관으로 달려가서 인문고전을 읽었다. 배터리가 다된 장난감은 다시 켤 때마다 조금씩 움직이다가 바로 꺼진다. 도서관은 나에게 그 조금씩 움직이다가 꺼지는 장난감 배터리를 조금씩 충전시켜주었다. 사람은 무엇을 해야 할지 모를 때 방황하거나 무기력감에 빠져든다. 나는 인문고전 독서라는 작은 목표가 생겼다. 적어도 무엇을 해야 할지 몰라서 방황하지는 않게 되었다.

이지성 작가는 『리딩으로 리드하라』에서 "전 세계 0.1퍼센트 부자들은 인문고전을 읽는다."라고 했다. 그리고 그 증거로 성공한 유명인의 인문고전 독서 습관을 제시했다. 그 중에서 영혼의 투자자로 불리는 존 템플턴의 말이 인상적이었다.

"어떻게 하면 성공할 수 있습니까?"
"자기 자신을 살아 있는 도서관으로 만들어라."

그는 유명한 독서광이었다. 그리고 진정한 부자가 되기 위한 스물한 가지 삶의 원칙을 담은 『템플턴 플랜』이라는 책을 저술했다. 그는 이 책에서 자신은 독서에서 얻은 지식을 토대로 세상 사람들이 행운이라고 부르는 것을 얻었노라고 고백했다. 인문고전 독서가 그가 말한 독서였다.

내 머리는 점점 맑아지기 시작했다. 무기력하고 우울한 생각들이 인문고전 책이 들어오면서 희석되기 시작했다. 산골짜기 옹달샘 속에 있는

낙엽과 잔가지를 제거하고 손으로 한 움큼 모래흙을 들어내면 뿌옇게 흐려진다. 2분 정도 기다리면 졸졸졸 흐르는 새로운 물이 흙탕물을 조금씩 밀어낸다. 내 머리는 지금 새로운 물로 채워지면서 어둡고 무거운 생각들을 밀어내고 있었다. 공자의 『논어』, 노자의 『도덕경』, 사마천의 『사기』, 연암 박지원의 『열하일기』, 손무의 『손자병법』, 호메로스의 『오디세이아』, 마키아벨리의 『군주론』, 톨스토이의 『인생이란 무엇인가?』, 니체의 『짜라투스트라는 이렇게 말했다』가 당시 나의 생각을 다시 일깨워준 고전들이다. 내용이 어렵고 생각을 많이 해야 하는 책들이다. 하지만 당시 나는 거의 백지상태의 머리에서 고전을 읽었다. 뇌의 거부 반응보다는 비워진 공간으로 고스란히 침투해 들어가는 듯한 느낌으로 읽었다. 나는 '인생이 살아볼 만하다.'라는 생각을 하기 시작했다.

그때 내가 인문고전을 만나지 못했다면 지금 나는 아마 네모난 상자 속 항아리 안에 있을 것이다. 나는 인문고전을 만나서 다시 살아갈 용기를 얻었다. 누구나 어려운 시기가 있기 마련이다. 그 시기를 어떻게 보내느냐에 따라 사람의 운명이 갈려진다. 어두운 터널 안에서 좌절하고 주저앉느냐, 힘껏 달려가며 출구의 빛을 보게 되느냐는 정신에 달려 있다. 이 정신을 바로 세우고 생각을 바르게 하는 공부가 인문고전 공부다. 지금 힘들고 지쳐서 번-아웃 되었다면 인문고전 독서를 시작하라. 한 권 두 권 읽다 보면 어느새 배터리가 충전되고 있음을 느낄 것이다. 평범한 내가 했듯이 여러분도 할 수 있다.

7

지금 당장 인문고전을 읽어라

"훌륭한 건축물을 아침 햇살에 비춰 보고 정오에 보고 달빛에도 비춰 보아야 하듯이 진정으로 훌륭한 책은 유년기에 읽고 청년기에 읽고 노년기에 또 다시 읽어야 한다."

－로버트슨 데이비스 －

내 인생을 다시 세우는 대단한 도전

'올여름 휴가는 어디로 가서 뭘 먹을까? 여행 경비는 얼마 정도가 적당할까?' 연례행사처럼 습관적으로 인터넷을 뒤진다. 그러다가 문득 '나는 누구인가? 나는 지금 여기서 뭘 하고 있는가?'라는 생각이 든다. 그리고 멍해진다. 살면서 가끔 겪게 되는 '멍' 때리는 순간이 요즘 잦은 이유가 뭘까?

40대 후반, 어느 날 갑자기 휴가 계획을 구상하다가 생각이 옆길로 빠졌다.

'나는 어떤 성장 과정을 거쳐 지금의 모습을 하고 있는가?'

'나는 미래에 어떤 모습으로 살아갈 것인가?'

그 해답을 찾기 위해 인생을 되돌아보는 시간이 필요했다. 그래서 아내에게 선언했다.

"여보, 나 이번 여름휴가 말인데 온전히 나를 위해 쓰고 싶어. 도서관에 가서 5일 동안 내가 읽고 싶은 책 마음껏 읽고 싶어."

나는 마치 장수가 출정을 앞두고 비장한 각오를 다지듯 힘주어 아내에게 말했다.

"그러든가."

아내의 대답은 너무나 짧았다. 그리고 이어지는 말도 없었다. 그냥 한숨만 쉬었다. 이 짧은 한마디 안에는 묘한 감정이 섞여 있음을 나는 안다. '상관 안 할 테니까 알아서 하라.'와 '기대도 안 했으니 대꾸도 하기 싫다.'의 중간 정도로 해석하면 된다.

어쨌든 이번 여름휴가는 지금까지와는 달리 대단한 도전을 하게 되었다. 오로지 나 자신만을 위한 시간을 가지게 되었다.

새로 구입한 책과 예전에 보았던 책 20권 정도를 챙겨서 집 근처 도서관으로 갔다. 도서관에 들어서자 나는 깜짝 놀랐다. 왜 이렇게 사람들이 많은지, 마치 시장의 난전처럼 북적였다. 가족 단위로 온 사람들이 많았다. 피서를 도서관으로 왔구나! 현명한 사람들이다. 한쪽 구석에 자리가 나서 얼른 잡았다. 에어컨 바람이 정면에서 불어오는 명당자리였다. 책상에 내가 가져온 책 20권과 도서관에서 빌린 책 5권을 쌓아놓았다. 누가 보면 대학교수라도 되는 것처럼 어깨에 힘도 들어갔다.

5일간의 인문고전 독서 여행을 떠나다

첫째 날, 드디어 나는 인문고전의 바다에 빠져들 준비를 완료했다. 처음에는 흥미 유지를 위해 고전문학을 읽었다. 톨스토이의 명작 『안나 카레니나』가 첫 번째 목표였다. 총 3권, 860여 쪽에 달하는 장편소설이었다. 3권을 가지런히 세워두면 마치 벽돌 3장을 포개 놓은 것 같았다. 그 정도로 읽을 분량에 압도당한다. 영화와 속독 읽기로 미리 읽었지만 이번에는 천천히 문장을 음미하면서 정독을 했다.

이야기 속으로 빠져들어 시간 가는 줄 모르고 읽었다. 3시간 정도가 지나자 어느덧 1권의 마지막 부분을 읽고 있었다. 나는 흐름을 놓치고 싶지 않아서 화장실만 잠깐 다녀오고 다시 책장을 넘겼다. 이럴 때는 담배를 피우지 않는 내가 참 좋다. 옆자리 아저씨는 틈나는 대로 담배를 피우고 들어왔는데 니코틴 냄새가 역겨웠다.

다시 집중해서 2권, 3권도 마저 읽었다. 거의 10시간 가까이 『안나 카레니나』와 함께했다. 그리고 눈을 감고 등장인물들의 삶을 떠올려보았다. 작가 톨스토이가 이 소설을 통해 독자들에게 전하고자 하는 메시지는 무엇이었을까? 나름 생각을 정리하고 노트에 옮겨 적었다.

그리고 가벼운 목 운동으로 장시간 굳어진 근육을 풀었다. 목을 돌리다가 문득 옆에 쌓아 두었던 20여 권의 책을 보았다. 하루 종일 『안나 카레니나』 3권만 읽었는데 이 책들은 왜 여기에 있어야 했지? 내가 왜 그랬을까? 갑자기 무언가를 깨달았다. '선택받지 못한 이 책들은 선택받은 책을 위한 배경이었구나!' 순간 내 삶을 생각했다. 내가 주인공인 삶을 살지 못하면 나도 누군가의 배경으로 살 수밖에 없다. 내가 주인공으로 살려면 어떻게 해야 하는가? 나는 질문을 계속 던지며 도서관을 나왔다. 밤하늘에 별이 유난히 빛났다.

둘째 날, 『논어』를 읽었다. 모두 이치에 맞는 말씀이다. 그래서 이렇게만 살 수 있다면 참 좋은 세상이 될 수 있을 것이라고 생각했다. 그러던 중 생각의 반전이 일어났다.

'아니지, 공자가 지금 이 시대를 살아간다면 어떻게 사실까?'

다시 가정해보자.

'공자가 2019년 서울에 온다면 어떤 해법을 가지고 이 복잡한 세상을 살아가실까?'

백종원 씨처럼 망해가는 식당에 재생 솔루션을 제시해 살릴 수 있을까? 그렇다면 어떤 방법과 내용으로 솔루션을 주실까? 이런 내용으로 인생을 컨설팅하는 과정은 없을까? 그래서 나는 결심했다. 인문고전으로 인생을 컨설팅해주는 과정을 만들자! 인생을 아무렇게나 배경 삼아 사는 사람들에게 깨달음을 주자. 그들이 인생의 주인공으로 살 수 있도록 도와주자.

지금까지는 인문학이 왜 중요한지, 어떻게 읽어야 하는지만 생각했었다. 그런데 이제는 달라졌다. '내 인생에 어떻게 적용할 수 있는가?'가 훨씬 더 중요하다. 백날 읽고 생각만 하다가는 아무런 변화도 일으키지 못한다. 실천이 중요하다. 그래서 여름휴가를 산으로, 바다로, 해외로 가는 대신 인문고전으로 떠나자는 거다. 오롯이 나의 지혜를 성장시키는 프로젝트. 그 강좌를 내가 개설해서 진행하고 싶다.

나는 '인문고전으로 인생을 컨설팅해주는 사람이 되겠다.'라는 꿈을 가지고 도서관 문을 나섰다. 밤하늘의 별빛이 나의 지적 성장을 축복해주는 듯했다.

셋째 날, 서양철학 중 니체에 관해 읽었다. 고대부터 순서대로 읽는 것도 좋지만 내가 관심 있는 철학자부터 시작했다.

니체는 당연하다고 여기는 상식에 의문을 제기했던 철학자였다. 그래서 다르게 생각하고 다른 방법은 없는가를 늘 고민했다. 그러다 보니 그는 자연스럽게 현재를 뛰어넘는 혁신적인 마인드를 가지게 되었다. 시대를 보는 방법을 배울 수 있는 철학자, 니체부터 읽어보기를 권한다.

니체를 알 수 있게끔 쉽게 정리한 책으로는 사이토 다카시가 지은 『곁에 두고 읽는 니체』를 추천한다. 이 책을 읽은 후에 『차라투스트라는 이렇게 말했다』를 읽으면 어렵지 않게 읽어나갈 수 있을 것이다. 머릿속에서는 아직도 알 듯 말 듯 경계선을 묘하게 타고 있다. 내 생각을 읽은 듯 밤하늘에도 별이 보이지 않았다. 아니 정확하게 표현하자면 보일 듯 말 듯 희미했다.

넷째 날, 동·서양 철학으로 다시 복잡해진 머리를 식히기 위해 고전 명작 3권을 읽었다. 니코스 카잔차키스의 『그리스인 조르바』, 플로베르의 『보바리 부인』, 카프카의 『변신』을 순서대로 읽었다. 하루 만에 3개의 소설을 모두 읽을 수 있는 나만의 방법이 있다. 먼저 1단계로 이 소설을 원작으로 한 영화를 2배속으로 본다. 전반적인 스토리와 배우들이 어떤 캐릭터를 연기하는지 중점적으로 본 다음 인물 관계도를 작성 한다. 2단계는 전문가들이 분석한 서평이나 유튜브 영상을 역시 2배속으로 본다. 그리고 3단계로 책을 읽는다.

다섯째 날, 역사를 공부했다. 역사서를 읽기 전에 읽으면 좋은 책이 있다. 에드워드 핼릿 카의 『역사란 무엇인가』다. 에드워드 핼릿 카는 "역사는 과거와 현재의 끊임없는 대화다."라고 한 말로 유명하다. 그의 역사에 대한 관점을 먼저 이해하고 나서 사마천의 『사기』를 읽어보기를 권한다.

5일 동안의 '인문고전 독서 여행'을 마치면서 무엇을 깨달았을까? 일단 나 자신을 되돌아보는 시간이 되어 너무 감사했다. 특히, 고전 속에 숨겨진 보물들을 하나씩 발견해내는 기쁨은 무엇과도 비교할 수 없었다. 또한 천재 작가들의 생각을 읽을 수 있다는 것은 내 머리에 지혜의 산삼을 먹이는 것과 같았다.

인문고전은 처음부터 깊이 파고들면 안 된다. 그렇게 하면 방향도 잃어버리고 재미도 없게 되어 쉽게 포기하게 된다. 그래서 재미있게 시작해야 한다. 영화도 보고, 수십 년간 연구한 학자들의 강의 영상도 보면서 말이다. 그래야 큰 틀의 아웃라인을 그릴 수 있고 재미도 느끼게 된다. 여러분도 할 수 있다. 지금 당장 인문고전을 읽기 바란다.

플라톤, 『대화편』,
"그저 사는 것이 아니라, 잘 사는 것"

"자신을 훌륭하게 하고 사려 깊은 자가 되게 하는 일에 마음을 써야지…"

"검토함이 없는 생활은 인간다운 생활이 아닙니다만 이것을 믿게 하기는 쉬운 일이 아닙니다."

"마음을 써야 할 일에는 마음을 쓰지 않고, 아무것도 아니면서 잘난 줄 알고 있다고 꾸짖어주세요."

플라톤의 혼은 소크라테스의 사상과 삶의 자세에 매혹되었다. 우리는 어떻게 잘 살 수 있는가? 그저 사는 것이 아니라 잘 사는 것이 중요함을 그는 소크라테스를 통하여 배웠다. 이 책에 수록 된 플라톤의 초기 작품에서, 철학은 잘 사는 것, 옳게 사는 것의 탐구라고도 할 수 있겠다. 우리는 어떻게 잘 살 수 있는가? 잘 산다는 것의 의미는 무엇인가?

"그저 사는 것이 아니라, 잘 사는 것", 이 문장을 처음 만났을 때 나는 망치로 머리를 맞은 기분이었다. 카프카는 "책은 우리 내면의 얼어붙은 바다를 깨는 도끼다."라고 했다. 플라톤의 『대화편』은 나에게 도끼가 되고, 망치가 된 책이다. 책을 아무리 많이 읽는다고 해도 생각하지 않고 실천하지 않으면 그저 읽기만 하는 바보가 될 뿐이다. 읽기만 하던 나에게 생각하게 만들고 실천하게 만든 책이다.

나는 마흔 중반에 20년간 생활해온 직장에 사표를 냈다. 군대 용어로 전역 지원서를 제출한 것이다. 3차례 진급 누락과 연이은 불행들은 그저 사는 삶 그 자체였다. 그런 생활이 2~3년 더 지속되었다면 나는 아마 지금쯤 항아리 안에 가루로 존재해 있었을 것이다. 나는 그저 사는 삶이 아니라 잘 사는 삶을 위해 사표를 냈다. 그리고 10개월의 시간 동안 군무원 임용고시를 공부했다. 하루 12시간, 10개월을 그렇게 공부에만 매달렸다. 그리고 당당하게 합격했다.

생각이 바뀐다는 것은 엄청난 변화의 시작이다. 나는 소크라테스와 플라톤의 도움으로 새로운 인생을 살게 되었다. 나는 거울을 보며 나 자신에게 당당하게 말한다.

'잘하고 있어! 그저 그런 인생을 사는 게 아니라, 잘 사는 인생을 살고 있는 거야!'

마흔, 인문고전으로 무장하고 새롭게 태어나라!

음악 저작권료를 매년 8억씩 받는 가수가 있다. 그는 가수이자 작곡가이며 작사가이다. 그의 패션 감각은 대기업과 합작한 새로운 상품을 만들어 세계적으로 인기를 끌 만큼 뛰어나다. 그는 한국 영앤리치(Young and Rich)의 원조가 되었다. 2019년 현재 그는 31세의 나이에(1988년생) 40억대의 아파트를 보유하고 있으며, 펜션을 부모님께 선물했다. 제주도에는 그의 이름을 딴 카페가 있다. 그가 타고 다니는 차는 5억대의 롤스로이스이다. 그의 이름은 권지용! G드래곤이다.

가수 G드래곤이 2017년에 발표한 앨범 중에는 '신곡(神曲)(Divina Commedia)'라는 노래가 있다. 단테의 『신곡』과 연결되는 철학적인 가사가 포함되어 있다. 우리가 TV에서 보는 '코메디'라는 장르는 그리스에서 생긴 말이다. 최초로 희극(Komodia)이란 장르를 개발했던 그리스인 작가들은 통치자들의 비난과 시민들의 야유를 피해 도시에서 상연을 못하고 시골 마을(Kome)을 돌아 다녔다. 여기서 Kome가 Commedia로 다시 Comedy라는 장르로 발전했다. 그래서 '코메디'는 현실을 풍자하는 장르로 분류된다. G드래곤의 '신곡(神曲)(Divina Commedia)' 속에는 현실을 풍자하면서도 단테의 철학이 담겨 있는 수준 높은 작품이다.

몇 년 전 보수 언론 매체에서 'Hell조선'에 대해 동의하는가에 대한 설문을 한 적이 있다. 안타깝게도 청소년과 20대 청년들의 97%가 그 말에 '동의한다.'라고 답했다. 과연 우리가 살고 있는 이 땅은 지옥인가? G드래곤은 '신곡(神曲) Divina Commedia'에서 바로 이런 관점에서 노래를 만들었다. 이 시대의 청소년과 젊은이들의 힘겨운 고민을 철학적으로 담아낸 것이다. 지금 시대를 코메디, 모순이라고 지적한다. 하지만 '엄마 걱정하지 마요. 나는 문제가 아냐, 문제의 답이에요.'라며 희망의 메시지를 전한다. 공감, 소통, 희망을 주는 것이다.

세계에 명성을 떨치는 또 다른 그룹이 있다. 방탄소년단(BTS)이다. 방탄소년단은 미국 타임지에 '2019년 세계에서 가장 영향력 있는 100인'으로 선정되었다. 빌보드 차트 정상에는 세 번씩이나 오르는 등 세계적인 가수로 성장했다. 최근 세 개의 앨범을 '빌보드 200'에 동시 진입시키는 등 음악을 넘어선 영향력을 보여주고 있다. 2019년 4월에 발표한 미니 앨범

〈맵 오브 더 소울 : 페르소나(MAP OF THE SOUL : PERSONA)〉'중 타이틀 곡인 〈작은 것들을 위한 시〉 뮤직 비디오는 전 세계 최단 기록 1억 뷰를 달성했다. 곧이어 '24시간 동안 가장 많이 본 유튜브 뮤직 비디오'로 기네스에 이름을 올렸다.

'빌보드' K-POP 전문 칼럼니스트 제프 벤저민은 CNN방송에 출연해서 방탄소년단의 성공 비결에 대해 다음과 같이 말했다.

"방탄소년단은 본인이 직접 이야기를 쓰고 음악을 만들기 때문에 상징적입니다. 멤버들이 스스로 느끼는 사회 문제 등을 소재로 해 직접 프로듀싱 한다는 면에서 K-POP이 똑같이 찍어내는 공장식 음악이라는 편견에 맞서고 있습니다. 방탄소년단의 성공은 그들 자신에게도 의미가 크겠지만, 세계에서 가장 큰 음악 산업 시장을 가진 미국 내에서도 의미가 대단합니다. 미국인들에게 노래가 꼭 영어일 필요가 없다는 인식을 심어줬을 뿐만 아니라 눈과 귀와 마음을 열도록 만들었습니다."

방탄소년단(BTS)은 세계 청소년들의 자기 계발의 상징으로 통한다. '네가 누구니?, 너의 목소리를 내라, 너 자신을 사랑하라.'로 연결되는 그들의 메시지는 인간을 위한 학문 즉, 인문학에 뿌리를 두고 있다. 그래서 그들의 노래는 그 자체가 문학이 되고, 시가 되고, 철학이 되며, 역사가 된다.

G드래곤과 방탄소년단(BTS)의 성공은 인문고전 소양을 갖추는 것이 얼마나 중요한 것인지를 잘 보여준다. 그들은 자신의 경험과 이야기에 철학을 담아서 노래로 만들어냈다. 철학적 울림이 없이는 불가능한 일이다. 그들은 세계적인 공감대를 만들어가고 있다. 20대, 30대의 젊은이들이 인생의 철학을 담은 자신만의 이야기를 하고 있는 것이다. 마흔의 중년은 인생의 전환점에서 자신만의 철학이 필요하다. 그 철학은 고집이 아니다. 나이를 무기로 고집을 부리면 꼰대가 된다. 반면 인격적으로 훌륭한 가치관을 가지면 새롭게 인생을 열 수 있다.

　　급변하는 시대에 흔들림 없이 살아간다는 것은 참 힘든 일이다. 문제는 흔들림이 있느냐 없느냐가 아니다. 흔들리는 세상살이에 나를 다시 중심으로 데려다 놓는 무기가 필요하다. 그 무기는 누가 주는 것이 아니다. 스스로 배우고, 느끼며, 깨달아야 내 몸에 맞게 무장할 수 있는 것이다.

　　과거 수많은 천재들이 고민하며 찾아놓은 인생의 진리는 인문고전 속에 온전히 담겨 있다. 문학에는 사람들이 살아가는 방식이, 역사에는 그 사람들이 이루어놓은 시대적 산물들이, 철학에는 그런 과정에서 더 인간다워지는 생각들이 담겨 있다. 그 속살을 볼 수 있을 때 깨달음이 지혜로, 내 몸 구석구석 스며들게 될 것이다. 그리고 지혜가 필요할 때 내 몸 모든 세포가 일제히 반응하며 어떻게 살 것인지 방향을 제시해줄 것이다. 그것이 인문고전의 힘이다. 그래서 인문고전을 공부해야 내 삶의 균형이 맞추어지고, 행복한 삶을 살 수 있다. 마흔, 지금이 인문고전을 공부하기에 딱 좋은 나이다. 인문고전의 지혜가 내 몸의 일부가 되어 제2의 인생을 열어가는 데 훌륭한 길잡이가 되기를 바란다.

2019년 10월
송은섭

마흔에 반드시 읽어야 할 인문고전 추천 도서

나는 인문고전을 수십 년간 연구한 학자가 아니다. 하지만 마흔의 나이에 읽고 생각하며 깨달은 책 50권 만큼은 자신 있게 추천할 수 있다. 내가 변화할 수 있도록 새로운 인생을 여는 데 도움이 되었기 때문이다. 그래서 다음과 같이 마흔에 반드시 읽어야 할 인문고전 50권(문학 25권, 철학 15권, 역사 10권)을 추천한다. 이 50권으로 시작해서 '세인트존스 대학의 고전 100권' 읽기에 도전하기를 권한다. 50권 선정 기준은 서양 고전문학과 철학의 뿌리가 되는 일리아스와 오디세이부터 다양한 인간 군상을 보여주는 명작소설, 시대와 인간을 통찰하는 철학, 역사를 통해 현재와 미래를 생각할 수 있는 역사서로 구분하여 선정했다. 비고란의 내용은 이 책을 읽어야 하는 이유 또는 핵심 특징을 기술하였으니 참고하기 바란다.

구분		제목	저자	출판사	연도	비고
고전문학 명작 소설	1	일리아스	호메로스	동서문화사	2016	트로이 전쟁 막바지 51일 서사시 (서양 문화 사상의 근원, 필독!)
	2	오디세이아	호메로스	동서문화사	2016	오디세우스의 귀향, 세이렌, 모험, 사랑 이야기 (트로이 전쟁 뒷이야기, 필독!)
	3	한여름 밤의 꿈	셰익스피어	민음사	2008	단 하나의 결점도 없는 첫 번째 걸작
	4	실낙원	존 밀턴	동서문화사	2013	루시퍼가 사탄이 되어 하와 유혹
	5	신곡 (천국, 지옥, 연옥)	단테	민음사	2018	지옥에서도 희망을, 다시 시작하는 용기
	6	젊은 베르테르의 슬픔	괴테	문학동네	2010	샤를롯데에서 '롯데'가 나오다.
	7	죄와 벌 (1, 2)	도스토예프스키	민음사	2012	죄와 속죄의 다양한 인식이 교차
	8	전쟁과 평화 (1, 2, 3, 4)	톨스토이	민음사	2018	현대의 일리아스에 비견되는 대작
	9	안나 카레니나 (1, 2, 3)	톨스토이	민음사	2012	행복한 가정은 모두 모습이 비슷하고, 불행한 가정은 제각각의 불행을 안고 있다.
	10	인생이란 무엇인가?	톨스토이	동서문화사	2004	생명의 본질은 사랑이다.
	11	사람은 무엇으로 사는가?	톨스토이	문예출판사	2015	인생을 바로 세워 주는 삶의 명작
	12	모비딕	허먼 멜빌	문학동네	2019	흰고래 잡이, 스타벅스 이름 유래
	13	위대한 캐츠비	피츠제럴드	반석출판사	2005	20세기 최고의 미국 소설
	14	참을 수 없는 존재의 가벼움	밀란 쿤데라	민음사	2011	무겁거나 또는 가벼움, 당신의 선택은?
	15	달과 6펜스	서머싯 몸	민음사	2000	40대, 이상과 현실 중 하나를 선택
	16	그리스인 조르바	카잔차키스	열린책들	2009	자유로운 영혼, 남성들의 로망
	17	무기여 잘 있거라	헤밍웨이	열린책들	2012	진정한 사랑엔 해피엔드가 없다.
	18	변신	프란츠 카프카	문학동네	2011	직장을 잃으면 벌레가 되는 현실
	19	댈러웨이 부인	버지니아 울프	솔	2019	만일 피터와 결혼했으면 어땠을까?
	20	제인에어	샬럿 브론테	민음사	2008	그럼에도 불구하고 사랑합니다.
	21	오만과 편견	제인 오스틴	민음사	2009	편견 양과 오만 군이 만났을 때
	22	보바리 부인	플로베르	문예출판사	2007	오늘이 지루한가, 그러나 그 평온이 행복이다.
	23	데미안	헤르만 헤세	민음사	2009	두 개의 세계, 공존을 인식하다. 창조적 파괴, 새는 알을 깨야….
	24	고도를 기다리며	사뮈엘 베게트	민음사	2012	고도는 기다림 그 자체, 인생도 기다림
	25	더블린 사람들	제임스 조이스	창비	2019	평범한 순간에 반짝이는 찰나의 진실

구분		제목	저자	출판사	연도	비고
철학	1	소크라테스의 변명/국가/향연	플라톤	동서문화사	2017	플라톤 철학 결산, 위대한 스승을 만나다.
	2	형이상학	아리스토텔레스	동서문화사	2016	인간은 태어나면서부터 앎을 원한다.
	3	세네카 인생론	세네카	메이트북스	2019	자신에게 주어진 시간 최대 활용
	4	군주론	마키아벨리	을유문화사	2019	정치적인 두뇌
	5	방법서설/성찰/ 철학의 원리/정념론	데카르트	동서문화사	2016	철학을 어떻게 공부할 것인가?
	6	국부론 (상,하)	애덤 스미스	비봉출판사	2007	경제학을 사회과학으로 등극
	7	순수이성비판	칸트	동서문화사	2016	인간 중심 세계를 완성하다
	8	하이데거의 존재와 시간 강독	하이데거/박찬국	그린비	2014	스티브 잡스에게 영감을 준 철학자
	9	차라투스트라는 이렇게 말했다	니체	민음사	2004	10년간 산중 명상을 마친 그가 인간세계로 내려와 들려주는 이야기
	10	리바이어던	홉스	동서문화사	2009	국가를 괴물에 비유 설명
	11	마흔, 논어를 읽어야 할 시간	신정근	21세기북스	2011	인생의 굽이길에서 공자를 만나다.
	12	마흔에 읽는 손자병법	강상구	흐름출판	2018	마흔에 깨닫는 인생 최고의 전략
	13	도덕경	노자	현암사	2012	도와 덕에 대한 경전, 쉽게 이해
	14	격몽요결	이이	민음사	2015	참된 나를 찾는 데 도움
	15	다산 선생 지식 경영법	정민	김영사	2010	다산의 공부법, 정보 판단, 지식 편집
역사	1	조선상고사	신채호	비봉출판사	2006	식민 사관을 벗어나게 하는 책
	2	만화 김부식 삼국사기 (특별판)	김부식	주니어김영사	2011	수준 높은 만화, 핵심 이해 최고!
	3	설민석의 삼국지	설민석	세계사	2019	읽는 즐거움과 교훈을 동시에
	4	세계 최고의 여행기 : 열하일기 (상,하)	박지원	북드라망	2013	길 위에서 사유하는 최고의 여행기 시대를 통찰하는 '노마드'
	5	국화와 칼	베네딕트	을유문화사	2019	이중적, 모순적인 일본인 특성
	6	난중일기	이순신	여해	2016	7년 전쟁과 인간 이순신의 교훈
	7	징비록	류성룡	홍익출판사	2015	참혹한 역사 인식, 미래를 생각
	8	지전 (1,2,3,4)	렁천진	김영사	2003	중국 역사와 지혜의 스토리
	9	중국 고대사회의 형성 사마천 사기	사마천 (이성규 편역)	서울대 출판문화원	2010	중국 고대 국가 역사, 사마천의 사기를 이해하기 쉽게 쓴 입문서
	10	갈리아 전기	박광순	종합출판범우	2006	카이사르가 쓴 로마군 원정기

인문고전 이해에 도움이 되는 길잡이 책 20권을 추천한다. 인문고전은 배경 지식이 없으면 어렵게 읽혀지고 쉽게 포기하게 된다. 길잡이 책 20권을 먼저 읽고 인문고전 50권에 도전하는 것을 권장한다. 인문고전을 시작하는 분들에게 도움이 될 것이다.

구분		제목	저자	출판사	연도	비고
인문고전 이해에 도움이 되는 책	1	명작에게 길을 묻다	송정림	책읽는수요일	2012	61편 명작 소설 줄거리, 작가 생각
	2	한 권으로 읽는 동양철학 이야기	최영갑	지식갤러리	2014	동양고전 12개 사상 정리 고전에서 깨닫는 인간의 본질과 의미
	3	한 권으로 읽는 서양철학 이야기	이 준	지식갤러리	2014	지혜를 사랑한 12명의 사상가 철학 입문자를 위한 친절한 해설
	4	하룻밤에 읽는 서양철학	토마스 아키나리	RHK	2019	가장 쉽고 짧게 서양철학 여행
	5	사피엔스	유발 하라리	김영사	2015	유인원에서 사이보그까지 역사와 철학을 통합한 인간 역사
	6	철학은 어떻게 삶의 무기가 되는가?	야마구치 슈	다산북스	2019	철학을 현실과 연결, 이해력 최고
	7	리딩으로 리드하라	이지성	차이정원	2016	세상을 지배하는 0.1%의 공부법
	8	생각하는 인문학	이지성	차이	2015	5천년 천재들의 사색 공부법
	9	통찰력을 길러 주는 인문학 공부법	안상현	북포스	2014	인문학 공부의 길잡이가 되는 책
	10	그리스 로마 신화 명화집	원재훈	두리아이	2012	명화와 해설을 이미지로 시각화
	11	역사란 무엇인가?	E.H. 카	까치	2017	역사에 대한 이해와 깊은 통찰
	12	생각의 지도	리처드 니스벳	김영사	2011	동양과 서양의 서로 다른 관점 이해
	13	영화로 읽는 서양 철학사	이창후	새문사	2014	영화와 서양철학을 연결, 쉽게 이해
	14	책은 도끼다 (시리즈 3권)	박웅현	북하우스	2018	삶을 깨우는 문장과 해설
	15	철학의 힘	김형철	위즈덤하우스	2017	사람, 일, 인생에 대한 명쾌한 통찰
	16	생각의 융합	김경집	더숲	2019	시공간 경계 넘어 생각의 점을 연결
	17	서울대 권장 도서로 인문고전 100선 읽기 (1,2,3권)	최효찬	위즈덤하우스	2014	동서양 인문고전을 시대 순으로 정리, 역사의 흐름 통찰에 도움
	18	박이문·둥지를 향한 철학과 예술의 여정	강학순	미다스북스	2014	'둥지 철학', 한국 인문학의 거장
	19	나의 문학, 나의 철학	박이문	미다스북스	2016	현대 인문학 전 분야 탐구
	20	천재의 생각법	류종렬	미다스북스	2016	천재는 집단적 네트워크 속에서 단련된 호기심이다.

다음은 세인트존스 대학의 고전 목록과 학년별 수업[106권]이다. 대학 4년 동안 학년별로 어떤 인문고전을 읽고, 토론하며, 생각하고, 글을 쓰는지 도표로 편집했다.

구분		저자	고전 목록	구분		저자	고전 목록
	1	호메로스	일리아스		32	루크레티우스	사물의 본성에 관하여
	2	호메로스	오디세이아		33	에우리피데스	박코스의 여신도들
	3	아이스킬로스	아가멤논		34		구약성서
	4	아이스킬로스	제주를 바치는 여인들		35		신약성서
	5	아이스킬로스	에우메니데스		36	리비우스	로마건국사
	6	아이스킬로스	결박된 프로메테우스		37	플루타르코스	플루타르코스 영웅전
	7	헤로도토스	역사		28	베르길리우스	아이네이스
	8	플라톤	고르기아스		39	타키투스	연대기
	9	플라톤	메논		40	에픽테토스	담화록
	10	플라톤	국가		41	아리스토텔레스	영혼론
	11	플라톤	변명		42	플로티노스	에네아데스
	12	플라톤	크리톤		43	아우구스티누스	고백록
	13	플라톤	파이돈		44	마이모니데스	방황하는 자들을 위한 안내서
	14	플라톤	소피스트		45	성 안셀무스	프로슬로기움
1	15	플라톤	파이드로스	2	46	토마스 아퀴나스	신학 대전
	16	플라톤	향연		47	단테	신곡
학	17	플라톤	티마이오스	학	48	초서	캔터베리 이야기
년	18	플라톤	테아이테토스	년	49	마키아벨리	군주론
	19	소포클레스	오이디푸스 왕		50	몽테뉴	수상록
	20	소포클레스	콜로노스의 오이디푸스		51	베이컨	신기관
	21	소포클레스	안티고네		52	베이컨	새로운 아틀란티스
	22	소포클레스	아이아스		53	베이컨	대혁신
	23	소포클레스	필록테테스		54	데카르트	방법서설
	24	아리스토파네스	구름		55	셰익스피어	한여름밤의 꿈
	25	아리스토파네스	개구리		56	셰익스피어	리처드 2세
	26	투키디데스	펠로폰네소스 전쟁사		57	셰익스피어	헨리 4세
	27	아리스토텔레스	니코마코스 윤리학		58	셰익스피어	오셀로
	28	아리스토텔레스	정치학		59	셰익스피어	맥베스
	29	아리스토텔레스	물리학		60	셰익스피어	리어 왕
	30	아리스토텔레스	형이상학		61	셰익스피어	템페스트
	31	아리스토텔레스	시학		62	셰익스피어	뜻대로 하세요

구분		저자	고전 목록	구분		저자	고전 목록
3학년	63	세르반테스	돈키호테	4학년	87	톨스토이	전쟁과 평화
	64	데카르트	제일철학에 관한 성찰		88	헤겔	정신현상학
	65	파스칼	팡세		89	토크빌	미국의 민주주의
	66	밀턴	실낙원		90	마르크스	경제학 철학 수고
	67	홉스	리바이어던		91	마르크스	자본론
	68	스피노자	신학 정치론		92	마르크스	독일 이데올로기
	69	로크	통치론		93	키르케고르	두려움과 떨림
	70	루소	인간 불평등 기원론		94	키르케고르	철학적 단편
	71	루소	사회 계약론		95	멜빌	베니토 세레노
	72	스위프트	걸리버 여행기		96	듀보이스	흑인의 영혼
	73	라이프니츠	철학 논문집		97	도스토옙스키	카라마조프가의 형제들
	74	흄	인성론		98	드레드 스콧	드레드 스콧 판결문
	75	흄	도덕 원리에 관한 연구		99	링컨	연설문 선집
	76	워즈워스	서곡		100		대법원 판례집
	77	제인 오스틴	오만과 편견		101	니체	선악의 저편
	78	칸트	순수이성비판		102	프로이트	정신 분석학 입문
	79	칸트	도덕 형이상학 기초		103	하이데거	존재와 시간
	80	모차르트	돈 조반니		104	버지니아 울프	댈러웨이 부인
	81	애덤 스미스	국부론		105	비트겐슈타인	철학적 탐구
	82	호손	주홍글씨		106	조이스	더블린 사람들
	83		미국독립선언문				
	84		미합중국헌법				
	85	해밀턴 · 제이 · 매디슨	연방주의자				
	86	트웨인	허클베리 핀의 모험				

출처 : 조한별의 『세인트존스의 고전 100권 공부법』